【第一七七辑】

文史资料选辑

全国政协文化文史和学习委员会 主办

中国政协文史馆 编

中国文史出版社

图书在版编目（CIP）数据

文史资料选辑. 第 177 辑／中国政协文史馆编. —北京：中国文史出版社，2022.11
ISBN 978-7-5205-3918-0

Ⅰ. ①文… Ⅱ. ①中… Ⅲ. ①文史资料－中国 Ⅳ. ①K250.6

中国版本图书馆 CIP 数据核字（2022）第 208884 号

责任编辑：王文运　　　　装帧设计：王　琳　欧阳春晓

出版发行：中国文史出版社

社　　　址：北京市海淀区西八里庄路 69 号　　邮编：100142
电　　　话：010－81136606　81136602　81136603（发行部）
传　　　真：010－81136655
印　　　装：北京温林源印刷有限公司　　邮编：102445
经　　　销：全国新华书店
开　　　本：787mm×1092mm　1/16
印　　　张：13.5
字　　　数：200 千字
印　　　数：7500 册
版　　　次：2023 年 12 月北京第 1 版
印　　　次：2023 年 12 月第 1 次印刷
定　　　价：52.00 元

目　录

与改革结缘

迟福林 *

作为一名扎根改革研究的学者，我深知改革开放对当代中国发展的重要性。正因如此，参与改革、研究改革、建言改革，成为我这几十年来的主要工作，成为我孜孜不倦的人生追求，亦是一份时代赋予我的沉甸甸的责任。

曲折的求学探知之路

从 1968 年参军到 1984 年考入中央党校读硕士研究生这段时期，我逐渐认识社会，学习马列理论，并有幸得到许多老师的指导和教诲，为后来走上改革研究之路打下了基础。更为重要的是，我深刻地认识到，不仅要做好学问，更要常怀赤子之心。2017 年，我给东北大学研究生院中改院分院毕业的博士生授予学位时，还没讲两句，眼泪就差点流下来。那一刻，我想起了我曲折的求学之路，想到对我影响终身的老师们，一时难以控制自己的情感。

---

* 迟福林，第十一、十二届全国政协委员，中国（海南）改革发展研究院院长，中国特色自由贸易港研究院院长。

（一）从部队外语学员到新闻干事

1968 年 1 月，我正式参军入伍，成为沈阳军区一名学习外语的学员。在那个年代，能到部队里学习，是一种幸运。回首往事，我的求学路与从军路早已紧紧相连。

回想起来，我能当兵，是十分偶然的。1967 年底，我才 16 岁，当时县里要招 20 个十五六岁的小兵到部队学外语。我与县武装部的相关人员比较熟悉，他们很想让我去当兵，来征兵的庞队长和刘干事也特别希望我能争取到这个机会。可是，县武装部的马政委告诉我，县革委会的关主任想培养我，可能不会放我走。马政委就给我出了个主意："明天开革委会常委会，你跑到会场里躺着，耍赖，一定可以成！"我还真听了他的话，第二天直冲会场，"不让当兵我不走！"就这样，连体检都没来得及，我就去当兵了。

由于我当兵的事情比较突然，连家里人都来不及通知。1968 年 1 月 13 日下午，我穿上了军装，晚上就坐火车走了。那天晚上我们六七点钟到了火车站，得知消息的父亲赶来送我，我带上家里与同学各给的 5 块钱，离开了家乡，走上了参军路，自此开始了长达 20 年的军旅生涯。

因为我的文笔还可以，所以在部队被称为"小笔杆子"。1970 年 12 月，我担任了所在部队政治处新闻宣传干事，并且于 1971 年初被送到《旅大日报》（也就是现在的《大连日报》）学习了半年多。从山沟里走出来的我，开始接触新闻、接触社会。例如，我以曾辉煌一时的瓦房店纺织厂、瓦房店轴承厂为选题，与其他人合写了工业通讯。也就是从那个时候起，我开始了对国家命运、对社会未来的思考。

那一时期，"文化大革命"还没有过去，我开始读马列书籍，列宁的一些学说给了我很深的启发。我开始感觉到，国家和社会需要变革。

1966 年，"文化大革命"开始，全国取消了高考，直到 1970 年后大学才重新开始招生，实行群众推荐、领导批准和学校复审相结合，后来人们把这些从工农兵中选拔的学生称为"工农兵学员"。到1977年恢复高考前，全国高等院校共招收了94万名基于推荐制的"工农兵大学生"。我曾经有幸得到成为工农兵学员的机会，却由于偶然事件告吹了。

回想当兵的岁月，尽管没有成为工农兵学员，但我从来没有停止学习和思考。我还清楚地记得1976年1月8日那天，我一大早在沈阳军区开新闻工作会议。当时，我们住在沈阳军区第一招待所，习惯了每天早上打开收音机听早晨6点半的新闻，一听到周恩来总理逝世的消息，我一下从床上摔了下来。那天的新闻工作会议，头半个小时大家都在流泪痛哭。这件事让我内心很有触动，国家面临那么多问题，何去何从？

为了寻找答案，无论是否节假日，我都抓紧学习。一学马列理论，二学中国历史，三学世界历史。特别是70年代我担任新闻宣传干事以后，借部队的藏书，看了很多西方领导人的传记，如《拿破仑传》《约瑟夫·史迪威传》，还有德国的《康拉德·阿登纳传》，等等。我至今还记得《拿破仑传》里的一句名言："智慧和性格要成正方形。"

（二）调入军政大学马列教研室当教员

1976年10月，由于各方面表现突出，尽管我没有入学文凭，仍被部队从沈阳军区抽调入军政大学，校长当时是萧克。我终于又有了求学的机会。说起调入军政大学，也是有一段故事的。当时军政大学的教员都是高等军事学院等机构出来的干部，年龄普遍比较大（平均49岁半），需要一批年轻军人来给学校增加活力。于是决定从全军抽调一批25—35岁的营团两级干部。10月，我们到北京报到，恰逢粉碎"四人帮"。

半年过后，由于我学过日文，就被分到了外国军队战略教研室。这个教研室在当时可是个热门的"香饽饽"。彼时已经初步实行了改革开放的一些政策，在大学生中，带"外""国际"字眼的专业都十分热门。

可是我却放不下思索，萌生出了另外一种想法：我应当从现实出发去研究一些问题。为什么？从小的成长经历和从军的朦胧思考使然。我意识

1976 年 10 月，作者从沈阳军区调入军政大学（现为国防大学）时在京留影

到，国家正从"文革"中走出，正是百废待兴之时，需要变革，需要投入最大的勇气和魄力，更需要一批愿意投身国家变革的人。从这一点来说，时代给了我一个机会。一颗从少年时代就埋下的忧国忧民的种子，在这个时候开始萌发。

于是，在外军教研室工作半年后，我向教研室的蔡主任要求，能否推荐我到马列教研室做教学与科研工作。他理解并支持了我。我先在政治处做了一年多的宣传理论干事，后被调到马列教研室当教员，开始系统研究科学社会主义。

到了马列教研室后，我有幸结识了李唯一老师，他热心指导我学哲学。这段时期，我迸发了极大的学习热情，尤其是经过"文化大革命"，我感到耽误了太多的学习时间，不得不争分夺秒，每天起早贪黑地读书学习。那时候，军政大学的同事都说："小迟的办公室总是灯亮到深夜。"

（三）与社科院研究生失之交臂

我在军政大学时，第一位指导老师是政治学院理论部主任李唯一。

李唯一老师是一位 1936 年就入党的老党员。他在抗日军政大学当过教员。抗美援朝战争时期，任志愿军政治部的宣传部部长，先后荣获八一勋章、二级独立自由勋章、二级解放勋章和中国人民解放军二级红星功勋荣誉章。李老师知道我喜欢研究哲学和马列，就经常辅导我，节假日让我到他家，陪他喝几盅的同时，给我讲哲学原理、讲哲学中的思辨。

李唯一老师是老资格的革命家和著名哲学家杨献珍的大弟子。1978年，李唯一、林利老师还带我拜访杨老。尽管杨老年事已高，身体又不大好，但还是一再鼓励我好好学哲学。

1978 年，中国社科院决定筹建研究生院，恢复招收研究生。经过李唯一老师和林伯渠的女儿林利老师的推荐，我报考了社科院马列所的研究生。当时于光远兼任马列所所长。由于我会外语，各方面基础都很好，又是军政大学马列教研室的教员，就被直接录取为中国社科院马列所研究生，这给了我极大的信心。可是我万万没想到，因为教研室主要领导的反对，我最终失去了这么好的读研究生的机会。当时，在这位领导不同意的情况下，李唯一老师直接找了萧克校长为我做工作。我后来才知道，李唯一老师从没因自己受冤枉的事找过萧克校长。但这次，他为了我直接找校长，让我十分感动。萧克校长听到这件事，马上表示支持，并于当天下午找了教研室这位领导。据说，这位领导对校长表态："这是好事，我回去商量一下，支持他学习。"结果回到教研室，他召开党支部会议，坚决不同意此事。后来，听说他给萧克校长汇报，今年教研室的课程安排很紧，明年再安排我学习。萧克校长表态："你们要支持他学习。"然而，后来的情况却并不顺利。

（四）有幸拿到北大本科同等学力

1979 年下半年，教研室几位副主任告知北大有一个进修学习的名额，我终于有幸进入北京大学进修，开始了在北大国际政治系一年半的学习生活。因为之前错失中国社科院马列所研究生的机会，能得到这个机会，我真是倍加珍惜，卖了命一样地学习。在北大，老师们对我特别关照。在张汉清等教授的支持下，在北大一年半的时间里，我考过了 18 门课程。

过去好多年，北大的传统都是早上 7 点半上课。那时候，军政大学餐厅早上 7 点才开门。食堂的王师傅为了照顾我，早上 6 点半左右允许我提前吃。无论严寒酷暑，我从军政大学骑自行车去北大上课，必须骑得飞快，15 至 20 分钟要赶到。记得有两次我还被撞倒了，一次是摩托车撞飞了我，一次是化肥厂的大巴班车把我撞到车底。班车司机吓坏了，赶紧下来问我怎样。好在当时穿着厚厚的军大衣，又比较幸运的是从车的前盘压进去的，人没受什么伤。我都顾不上说话，爬起来，把车轮校正，拍拍大衣赶紧上课去。

我在北大国际政治系学习，主要跟 78、79 级两个班。说起来，这两个班可谓人才济济，也非常活跃，后来担任文化部部长的蔡武是 78 级的党支部书记。北大的学习生涯，极大地开阔了我的视野。记得有一节选修课，是美国的政治学家讲地缘政治。那时候我只听过阶级政治，连地缘政治这个专业名词都是第一次听说。这节课给我一个很大的冲击，使我开始思考一些理论问题。

1980 年，我所在教研室突然下令调我回去工作。北大国政系系主任张汉清和党委书记张映清两位老教授一听说，就骑着自行车，从北京大学骑到红山口，到军政大学为我说情。两位老教授说："这个小伙子这么努力，他再学一年，就可以考完本科的大部分科目，可以拿到同等学力，这不是很好的事情吗？"好说歹说，教研室领导同意再给我半年时间，但提出一个条件："不能脱产，边工作边读书！"就这样，我在半工半读的情况下，用了半年时间又参加了其余 6 门课程的考试。后来，北大破格给我发了本科同等学力证书。

我在北大的学习时间虽然不到两年，但是无论是做人、做事，还是做学问，北大的精神都深深影响了我。张汉清和张映清等几位老教授对我的帮助和教诲，至今难以忘怀。直到今天，北大精神依然深深影响着我的改革研究工作。

投身改革研究事业

1984年4月，我考入了中央党校理论部攻读硕士研究生学位。经过前期在部队和北大的学习与思考，到我在中央党校学习之时，已经有了一定的积淀。可以说，到党校学习时，我的角色一下子就变了，与其说是学生，不如说是冲在改革前线的一名"战士"。

（一）成为中央党校硕士研究生

这段经历，如今回想起来，还颇有些唏嘘。

1981年开始，中央党校招收研究生。教研室的其他年轻同志一个接着一个报考，我却没被允许报考。这样的情况下，我没有办法，只有在马列教研室坚持自学苦读，每天晚上点灯熬夜，就这么过了几年。那个年代，总感觉自己需要多读书、多学习，对知识的渴望从来没有因为外界的因素而减弱。

4月初，情况有了改观。当时，受军政大学指派，我正在海淀区法院参加"严打"工作，做主审法官。教研室刘副主任急急忙忙找到我说："小迟，马上回来，你赶快报考中央党校研究生！"

可是这时我面临两个困难：一是中央党校报考截止时间已过了一天。这时候，又是北大的老师找到中央党校负责招生的主任，我这才被破格报上名。二是报名后不到20天就要考试，可我当时还在海淀区法院工作。因为"严打"，法院的工作很忙，经常需要加班加点到下半夜。为了能有复习的时间，同事们给我出了个主意——"装病"。我当时确实有胃病，于是军政大学医院给我办理了住院手续。白天，我就在医院住院，晚上回到宿舍熬夜复习。这样，过了一周，大概 4 月 25 日前后，我参加了中央党校的入学考试。由于前些年我一直坚持苦读自学，最后成绩在 200 多个考生里还是名列前茅。

考入中央党校以后，我对改革的研究真正开始起步。从那时起，我开始专注于经济改革的一些重大理论研究，较为系统地学习了马克思主义经济学理论，关注党和国家的改革开放政策，为我从事改革研究奠定了重要的理论基础。

1984 年可谓是中央党校自 1977 年复校以来在校师生人数最多的一年。9 月的一天，新学年开学典礼举行。刚入校不到两个月，中央党校就召开了一次关于改革开放的理论研讨会。会上王珏教授作为教师代表先发言，我作为学生代表也作了发言。我当时的发言引起了大家的关注。会后，王珏教授找到我，希望我多关注一些经济改革问题的研究。没过几天，我被推选为中央党校理论部学术组组长，开始专门探讨、研究改革问题。从那时起，我开始将改革研究作为一种责任、目标和未来人生的方向。

1985 年夏天，在中央党校理论部（后来的研究生院）的支持下，我们组织 100 多个研究生利用暑假时间，到全国 20 个市、县做调查。后来，我开始研究邓小平改革思想，并且在中央党校作与改革相关的讲座和研讨。那时候搞改革专题讲座，可以发海报请大家来听，这在当时也差不多是独一份了。记得 1985 年下半年，我作了一场改革讲座，没想到场面十分火爆，来听讲座的人络绎不绝，有的领导干部没有座位就干脆坐到水泥台阶上。

在中央党校，老一辈经济学家严谨的治学态度对我影响深远。比如，王珏教授关于商品经济的理论、关于重建个人所有制的理论、关于股份合作制的理论研究，都给我很大的启示。受其影响，我在那个时候开始更多地关注经济改革的基础理论和重大现实问题。后来，杜润生、安志文等老一辈改革家把理论的严肃性和情感的社会性相结合,坚持自己观点的学术风格和治学精神,也让我受用一生。

我的硕士毕业论文《论我国社会主义初级阶段的民主政治建设》,刊载于《中国社会科学》1988年第1期。文中,我就社会主义初级阶段民主政治建设的几个问题展开论述,阐述了我国社会主义民主政治建设的近期目标和远期目标,并对如何健全与完善党内民主制度问题提出了见解。

(二)调入中央机关研究改革

没想到的是,1986年10月,我还在中央党校读书时,突然接到通知,调我到中央政治体制改革研讨小组办公室从事改革研究工作。有了前期的铺垫和准备,这时我的研究视野全面打开,开始了国家层面上的体制改革研究。

当时,我真的是全身心投入工作。从1986年10月到1987年底这一年多时间,我一周只回家一次,其余时间加班加点,干劲十足。那时候一到办公室,一屁股坐下去就钻研问题。没想到有一次去和同事打篮球,由于长时间没锻炼,一下子运动过猛,我在球场晕了过去。

1968年至1987年这20年的军旅和学习生涯,锤炼了我坚韧的性格。军人不能言败,搞改革也不能言败,这个信念到今天还在激励着我。那时,我对邓小平讲的一句话印象深刻:"不改革就没有出路。"我们这代人是自觉地把改革作为自己的人生追求。当时我们白天去基层调查、研究、开会,晚上还经常彻夜不眠地研讨问题。现在回想起来,真是一段"改革激情燃烧的岁月"。

(三)从中央机关调任海南

改革需要魄力,需要毅力,需要吃苦的精神。部队生涯锤炼了我,在中央机关的经历又培养了我把握全局、思考问题的能力。从军人转变为老百姓的这一段历程,是我自觉参与改革实践、推动改革的过程,也是自觉把改革作为人生追求目标的过程。

1987 年 10 月，党的十三大召开期间，海南建省筹备组组长许士杰（前右）在北京人民大会堂举行座谈会，介绍海南岛的资源和开发情况并回答记者的提问

　　1987 年 11 月底，中共十三大闭幕后，我迎来了人生中的又一个重要选择。

　　海南的改革开放，是在 20 世纪 80 年代我国改革开放向纵深推进的大背景下起步的。中央作出海南建省办经济特区的战略决策，就是要将海南推到国际市场上去，让海南实行比其他经济特区还"特"的经济政策，经过若干年的奋发努力，将海南岛的经济发展起来。当时，作为国防前哨的海南岛，在全国发展大局中还是一块洼地，与香港、台湾等地区相比，经济发展差距甚大。要在短期内实现较大的发展，唯一的

作者参加党的十三大时的工作证

选择就是加快改革开放的步伐，坚定不移地实行"大开放"方针，以大开放促进大改革、大发展，这符合海南作为一个岛屿经济体的实际。

1987年10月，时任海南建省筹备组组长的许士杰在北京找到我，希望我去海南工作。结识许士杰书记，缘于1985年我到广东调研时，时任广州市委书记的许书记请的一顿饭。当时我不假思索，便痛快地答应了许书记。真的是"说了就做"！还记得我上午从国防大学办理转业手续，下午3点多就拿到了户口本，脱下穿了整整20年的军装。为了去海南岛，不到一天，就从军人变成老百姓。

后来，从1988年到1992年，我作为海南省委政策研究室、省体制改革办公室的主要负责人，参与了海南建省初期改革开放的若干实践。

在这期间，我起草了海南第一次党代会报告《放胆发展生产力开创海南特区建设的新局面》，开始进行"小政府、大社会"改革，并且主持海南特区"企业股份制改革"和"社会保障制度改革"的研究与实践，主持创立"个人账户与社会共济相结合"的社会保障海南模式，为海南特区率先进行行政体制改革、企业股份制改革和社会保障制度改革作出了自己的一点贡献。特别是在当时，"建立特别关税区"成为海南上上下下关切的问题，我主持进行了"海南特别关税区"课题研讨，形成上、中、下三个总体方案和可行性研究报告。30年来，我从未放弃自己的观点，一直在为建立"海南特别关税区"鼓与呼。

到了20世纪90年代中期，我主持琼台农业项下自由贸易研究课题，形成《关于实行琼台农业项下自由贸易的建议报告》，引起中央有关领导的高度关注。我坚持洋浦自由港区研究，多次向海南省委省政府提交关于洋浦自由港区建设的研究报告和建议报告，为中央相关部委和海南省委省政府的洋浦经济开发区建设发展决策提供了智力支持。

2001年我国"入世"在即，我主持海南经济特区"以产业开放拉动产业升级"研究，首次提出建设海南国际旅游岛的建议，相继组织中国

（海南）改革发展研究院研究团队形成《建立海南国际旅游岛可行性研究报告》《推进海南国际旅游岛建设（总体方案）》《海南国际旅游岛建设行动计划》《海南国际旅游岛——政策需求与体制安排》等报告。2010 年初，国务院发布《关于推进海南国际旅游岛建设发展的若干意见》，海南国际旅游岛从学者建言上升到了国家战略决策的层面。

（四）创立中改院，建言中国改革

1991 年 11 月 1 日，中国（海南）改革发展研究院（以下简称中改院）正式建院。在当时的背景下，我意识到自己以学者的身份研究改革、推动改革，可能更符合改革事业的要求，也更符合我个人的意愿。

放弃铁饭碗和大家一同创业。从 1992 年 5 月 1 日至今，我都在中改院领工资，并与大家一样缴纳社保。我当时只有一个想法：我的几位同事都放弃了铁饭碗、铁工资，和我从机关一起出来，我自己如果还保留铁饭碗，怎么和大家一起创业？实现这种身份的转变，就是要使自己的事业、使机构体制适应改革的形势，那就必须先从自己开始改革。

1991 年 11 月，中国（海南）改革发展研究院召开成立大会暨海南对外开放战略研讨会

1991 年 11 月 1 日，作者在中国（海南）改革发展研究院成立当天的留影

　　海南建省初期，我在省体改办操刀进行的几项重要改革实践中所产生的经验、做法和需要研究的问题，成为我和我所在的中改院下一步的研究重点，如股份制改革、国有企业改革、社会保障制度改革等。以这样的形式，我仍然继续为海南的改革发展尽心竭力。例如，20 世纪 80 年代至 90 年代，股份制改革是我国面临的一项重要改革。在当时，也是争论最大的一项改革。回过头来看，全国股份制改革正是得益于地方的实践探索与突破。1992 年，《中国股份制理论与实践》中刊登了我的《海南省股份制改革的现状与展望》一文。文中提出，股份制试点实践证明股份制是转换企业经营机制、深化企业改革的一条十分重要的途径。为此，中改院从 1992 年 5 月 7 日至 21 日承办了全国体改系统第一次规模较大的股份制实践研讨班。这次股份制培训，为全国体改系统培养股份制人才作出了重要的贡献，中改院也因此被称为股份制改革的"黄埔军校"。此后，我们坚持立足海南、放眼全国，积极为全国与海南的改革建言献策。

　　我以学者的身份，自力更生、自求发展，能够 20 多年坚持做改革研究，有的人不理解，也有很多人认为是个"奇迹"。在中改院工作，我更可以心无旁骛地做改革研究。回过头来看，我的研究大致可以分为三个阶

2018 年 4 月 14 日，中央电视台《新闻联播》播出 "习近平总书记郑重宣布，党中央决定支持海南全岛建设自由贸易试验区，支持海南逐步探索、稳步推进中国特色自由贸易港建设"。图为作者接受采访

段：从 20 世纪 80 年代到新世纪初，我重点关注如何推进市场经济体制建设；"非典"后，即从 2003 年开始，着力于政府转型、公共服务体制改革研究；从 2009 年开始，重点研究以发展方式转变为主线的转型改革，并在 2010 年提出 "第二次改革"。直到今天，在新形势下如何推进二次改革仍然是我思考的重大课题。

1979：经济特区的诞生

吴南生[*]

中国经济特区的酝酿、提出与筹办

谈这个问题之前，我要先说办成这个特区，靠的是天时、地利、人和。天时，就是党的十一届三中全会。三中全会做出了改革开放的决定。没有这个决定，一切无从谈起。地利嘛，应该说，广东总是得风气之先。你看，从太平天国、戊戌变法，到孙中山和大革命时期的北伐战争，都是从广东开始的，这得益于一种地缘优势。特别是广东毗邻港澳。从办特区来说，深圳、珠海这样的地理环境太好了。人和嘛，我想是各方面：港澳同胞多、华侨多，特别要强调的是，经过"文化大革命"，我们共产党的内部、我们国内广大的干部群众，都迫切地希望改革。因为大家实在是受不了了！受不了还不好讲，因为你不知道社会主义是怎么搞的，以为社会主义就是搞阶级斗争，搞计划经济。十年浩劫，让大家都觉悟起来，觉得我们这个国家不改革不开放就不行！每一个人脑子都要想一想了，一个国家为什么搞到这么穷，搞到这么绝对化！我想，三中全会上，小平同志他

---

* 吴南生，时任中共广东省委书记兼深圳特区第一任市委书记、市长，后曾任第五、六届广东省政协主席。

掌握住了这个脉搏，尽管还有很多不同的思想，总的说是要改要变。海外的许多爱国同胞，包括港澳同胞，也期待着我们能拨乱反正。所以我说，没有这个条件，特区是办不成的。

具体地说来，就是 1979 年初，省委分工安排我到汕头传达十一届三中全会精神，在那里前后待了两个多月的时间。汕头是我的家乡，是一个开放比较早的城市，五口通商的时候已经开始了。不知怎么搞的，连恩格斯的文章里都写着："其他的口岸差不多都没有进行贸易，而汕头这个唯一有一点商业意义的口岸，又不属于那五个开放口岸。"汕头在新中国成立初期，还是个商业很繁荣的地方，和香港的差距并不大。30 多年过去了，特别是经过"文革"，眼前的这座城市真是满目凄凉，比我们小孩子的时候都还穷啊！我当时很气愤，我说谁要拍电影，要反映国民党的反动统治，那你就到汕头来，拿汕头做一个背景。

那段日子睡不好觉，闭上眼睛就想：我们当年豁着性命扛起枪杆闹革命，可不是为了换取眼前这样一幅江山啊！

我当初的想法，和大家一样，觉得非变不可。不同的是我和海外的联系比较多，知道外边的情况多一点。那时，叶帅在广东住，他对广东的情况也比较了解，他跟我讲，南生啊，我们的家乡很穷啊，我们有办法没有？要多想办法！这些对我们都是很大的启发。我问过许多人有什么办法没有。有一位朋友对我说，你敢不敢办像台湾那样的出口加工区？敢不敢办像自由港这一类东西？如果敢办，那最好快。他说，你看新加坡、中国香港……它们的经济是怎样发展的！他一说，我恍然大悟。所以我最初提的意见，就是划出一定的地方，减税收，简化手续，彻底开放，就是要突破计划经济的框框，把市场经济引进来。

1979 年 2 月 21 日夜里，我当时正感冒发烧，可是心情很激动，迫不及待地用电话发电报给习仲勋、杨尚昆同志并省委。2 月 28 日下午，我从汕头回广州。当天晚上，习仲勋同志就到我家中，和我交换了意见。3

月3日，省委开常委会议，我在汇报工作时说，现在老百姓的生活很困难，国家的经济已经到了崩溃的边缘了，我们应该怎么办？三中全会决定改革开放，我提议广东先走一步。我说，我是喜欢下象棋的人，懂得先走一步，叫作"先手"，就是先掌握主动权。要贯彻三中全会的决定，我主张广东先走一步。先走一步的那个"子"怎么下呢？我想先划出一块地方，用各种比较优惠的政策来吸引外资，把他们先进的东西引到我们这个地方来。这个地方，当时我提议可以考虑设在汕头：第一，汕头在全省来说，除了广州外，它是外贸最多的地方；第二，汕头的华侨是全国最多的，在外面有很多有影响的人，我们可以动员他们回来投资；第三，如果万一办不成，那也影响不大，它偏于一隅嘛。我说如果省委同意，我去办。我的意思，要杀头就杀我啦。一说，大家都赞成。我们省委在开放这一点上，总的意见是比较一致的。习仲勋同志就说，要搞，全省都搞，4月份中央开工作会议，赶紧准备一下，向中央打报告。

但是，这个地方起个什么名字好呢？

叫"出口加工区"，和台湾一样，那就糟糕了；叫"自由贸易区"，就好像资本主义摆在脸上了；叫"工业贸易区"吧，又不像……好几个名字摆弄来摆弄去的。当时，叶帅在广东，我和仲勋同志去向他汇报，叶帅很高兴，说："好啊，你们赶紧给小平同志汇报。"小平同志听说要划那么块地方老定不下个名来，就说："就叫特区嘛，陕甘宁就是特区。"这句话很重要！有了这个名就好办了。

那叫什么特区好呢？弄来弄去，先定了个名字叫"出口特区"。北京有另一类声音说："他不懂！陕甘宁是政治特区，不是经济特区。"这话有道理。因为陕甘宁确实是政治特区。我们从这里得到启发，那就叫经济特区吧。用经济特区这个名字，应该说是摸到了一块大石头！这个名字很好，名字一出来，反对的声音好像也少了些。

当年9月，谷牧同志来广东。当时，他代表党中央、国务院分管特区工作。他说："办特区，就看你们广东了，你们要有孙悟空大闹天宫的精神。"习仲勋当场就说，南生，你去当中国的"孙悟空"吧。

本来，在省委分工中我就是分管特区工作的，由于中央强调"广东应首先集中力量把深圳特区建设好"，省委决定由我担任广东特区管理委员会主任兼深圳市委第一书记、市长。

筹划办特区，得有一个由国家最高立法机构审议批准的有权威的法规，否则，就无法可依，无规可循。我们不能在试办特区问题上开国际玩笑。

1980 年 8 月 26 日，五届全国人大第十五次会议批准公布《广东省经济特区条例》，向全世界宣布：社会主义中国创办了经济特区。最令人意外和欣喜的是，《条例》公布后，当时深圳最严重的问题——大量外逃现象突然消失了……

《特区条例》的拟定

当时海外的朋友说，你是没有法的。无法可依，无规可循，要人家来投资，谁敢来？特区要同国际市场打交道，就不能开国际玩笑！

这样，从 1979 年开始，我们一直都在学习、研究、探讨外面先进的东西。因为过去我们对外面的情况一点不了解，你把人家的东西拿来抄是不行的，有很多东西你看都看不懂。他说房地产，我们根本不知道房地产是怎么一回事！外面的很多名词，我们都搞不清楚，比如说地租。我们是打倒地主的，一听到地租，都反对，可它在外面很普通。外面的东西要拿来研究、讨论，哪些我们立刻能用，哪些改进后才能用。地租不行，就换个称呼，叫土地使用费，这也算是发明，现在大家都认可了。还有像工厂管理条例，我现在连个工厂都没有，你管它什么呢？可以说《特区条例》是借助了外边的材料，不停地研究、商量，用一年多时间，写了一次又一次，一次一次地改。这个可以说是摸着石头过河最早、最突出的例子了。

我跟谷牧同志讲，我们做的第一件事就是搞特区法、《特区条例》。这个法一定要拿到全国人大去通过。也找了叶帅，叶帅是全国人大常委会委员长。我说叶帅啊，这样一件大事，不能没

吴南生

有一个国家最高立法机构审议批准的有权威的法规。

真的，这的确"是国际共产主义运动史上的伟大创举"。

尽管有一些同志不同意把《特区条例》拿到人大讨论，说从来没有一个地方上的《条例》拿到全国人大来讨论的。我说，特区是中国的特区，不是广东的特区啊！虽然叫作广东《特区条例》，但它是中国的特区嘛。社会主义搞特区也是史无前例的，如果这个《条例》没有在全国人大通过，我说我不敢办特区。

后来，叶帅亲自主持全国人大常委会会议，江泽民同志代表国务院在会上作了有关建立特区和制定《特区条例》的说明。

"特区要以引进外资为主，以实行市场经济为主。"这种尝试建立社会主义市场经济体制、使中国经济进入世界经济大循环的构想，可谓是大破大立，展示了一种智慧、胆略和冒险精神。

有人问：特区这么搞行不行？除了天上飘着的是五星红旗以外，地上搞的都是资本主义那一套！

小平同志说：特区是个窗口，是技术的窗口、管理的窗口、知识的窗口，也是对外政策的窗口。

解放思想的实践

我刚到深圳时，要求男青年一律不准留长发。那时候深圳农民戴个太阳镜，穿着花衣服、牛仔裤在田里赶牛，许多从内地去的人都看不顺眼。我就说统统剪了，但是行不通。后来，我的儿子小南说，爸爸，这就是你不对了，人家马克思、恩格斯也是长头发啊。我一想，是啊，共产党的"老祖宗"也是长头发，留长发怎么能说是思想意识问题呢?

我们办特区有一个明确的目标就是：特区要闯出一条经济体制改革的路子。说白了，就是要改掉那种苏联模式的、自以为是的社会主义计划经济的路子。从 1980 年下半年起，这已成为特区实际工作中一个非解决不可的问题。我们在 1980 年底明确提出：特区要以引进外资为主，以实行市场经济为主。这是对党中央提出的"特区主要是要实行市场调节"的进一步发展。实际上，也非这样做不可。

1981 年 5 月 10 日，我向中央汇报工作。其中说到，特区是在党和政府的直接领导和管理下，以引进外资为主的多种经济成分并存的特殊经济区域。我们要利用特区的特殊条件：一、观察了解现代资本主义的发展并从中吸取对我们有益的东西；二、试验各种改革，尤其是经济体制方面的改革；三、学习国外的先进技术和科学管理方法……目前，由于各种体制尚未进行改革，具体法规没有制定，特区实际上还处于打基础的阶段，碰到的困难和问题还不少。特区的一切政策措施，一定要在"特"字上做文章。

现在回过头看，特区最大的功劳就是突破，把市场经济引进来了。应该说，中国的市场经济是从特区开始的。最先从深圳开始，到珠江三角洲，到全国。我说市场经济是个没有腿的巨人，它走到哪里，谁都顶不住的。

特区改革，几乎每走一步，都遇到阻力，先是姓"社"姓"资"，继而由"反对和平演变"引发出坚持"一个中心"还是"两个中心"的争论。特区会不会成为新的"租界"和"殖民地"？

"格格不入"的特区

当时全国都在关注特区，都在议论特区。同时，全国人民都在要求允许多一点"市场调节"，希望经济体制能进一步改革。一时间"山雨欲来风满楼"，矛盾尖锐极了。

1982年1月，"冷空气"大量南下了——什么"上海租界的由来"，什么"经济特区成了走私的通道"，什么"特区不是社会主义"！没完没了，铺天盖地……这些都不去说它，只讲与计划经济有关的问题。

这年4月22日至5月5日，在北京有一次专门为广东深圳而召开的会议上，有人说："……我认为，深圳搞这么大的规划是不现实的。不是一般的大，而是大得无边。深圳特区面积327平方公里，比全世界的特区的总面积还要大，这么大的一块特区面积，全面搞起来不是简单的事情。"

有的问题说得尖锐，很离谱，像这段："特别要指出的是，有人想要和计划经济'脱钩'，想割一块出去自己搞。我认为搞计划经济是客观需要，不是你哪一位领导想怎么搞就怎么搞的。你想'脱钩'是不可能的。现在资本主义国家，包括日本、美国、法国都认为要搞计划经济（这就是常识问题了，他那个计划跟你这个'计划'能是一回事吗！）。我建议省委计委，你们也建议省委，应该把特区计划管起来。不能讲特区经济市场调节为主。有这么大的外资，宏观计划更应该加强嘛，银行管理也要加强指导嘛！因此，特区建设应该纳入计划，要加强特区计划管理……"

你看，"特区主要是实行市场调节"这一块政策，是党中央1980年在一个文件中定的，有人却说："不能说特区经济是以市场调节为主。"照此

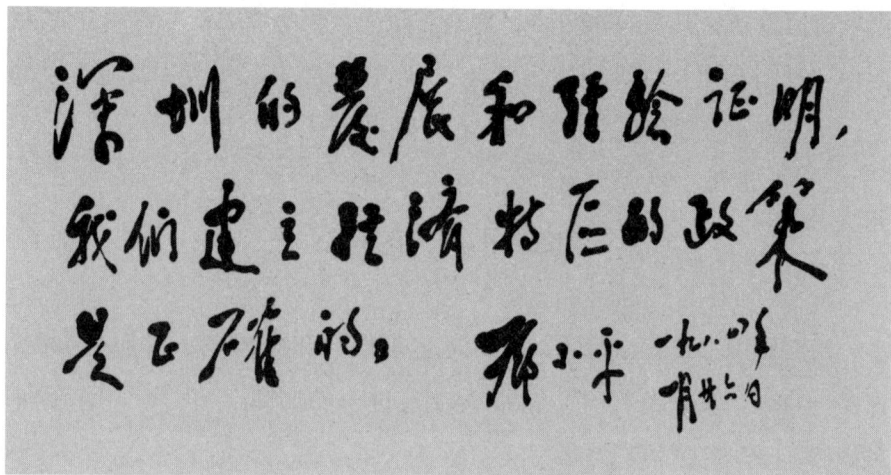

1984 年，邓小平为深圳经济特区的题词

论调，我们怎么能不犯下"有人想和计划经济'脱钩'，想割一块出去自己搞"的大罪呢？

1983 年底，小平同志说，特区究竟办得怎样？我要亲自去看看。于是，1984 年春天，小平同志到了深圳，到了珠海。看到经济特区确实是办起来了，确实是闯出一条路子来了，老人家很高兴，为深圳、珠海题了字。回到北京后，他向中央提议，召开全国沿海 14 个开放城市会议。

4 月，中央在北京中南海召开全国沿海开放城市会议。会议最后一天，谷牧同志说，南生，你该发言了。我说，我就不说了吧。谷牧同志和特区来的几位同志都说，你一定要发言。于是，我发了言。在讲到 1979 年 4 月小平同志说的"就叫特区嘛，陕甘宁就是特区。中央没有钱，你们自己搞。要杀出一条血路来"，我一时心潮澎湃，抑制不住大声说：这，就是中国特区的由来！

关于经济特区，尤其是深圳特区，很多人写了很多文章，我没有也不能一一拜读。我读过的绝大多数文章都是写得好的。但有一点，许多文章都说不清楚特区所以能办成是由于什么，它对中国的改革开放的贡献是什么。我想，特区之所以能够办成，是由于引进了市场经济。它对全国的贡献，也在于引进了市场经济的试验、实践，证明了小平同志"社会主义也有市场"的精辟理论，是小平同志一再提出的"社会主义制度的自我完善"的改革试验。

1981 年后，我不再兼任深圳市委书记、市长，许多人认为我从这时起不再管特区工作了。不是的。这时，我回到省委，仍然分管特区工作，直到 1985 年 9 月，我从省委书记的岗位上退下来，转到政协工作，才不再分管特区工作。

（本文根据杨剑访谈文章《回眸：1979，中国特区——原广东省委书记兼深圳特区第一任市委书记、市长吴南生访谈录》整理，略有删节。）

2013 年 4 月

改革开放的先声

——我所亲历的恢复高考

杨冬权 [*]

改革开放是改变中国政治走向和国家命运的关键一招，是中共党史和新中国史上的一个重大事件。改革开放，一般都以 1978 年中共十一届三中全会的召开为起点和标志点。然而，一年多之前的恢复高考，则可看作是改革开放的先声。因为改革开放对十年"文革"作了一系列否定，而恢复高考则是粉碎"四人帮"、结束"文革"后，对"文革"中停止高考做法的直接否定，是对"文革"一系列否定中的最早一次否定；改革开放的内容之一是国内改革，而恢复高考则是对高校招生制度、教育制度及人才培养制度的一项重大改革，是"文革"结束后最早进行的一项国内重大改革；改革开放振奋了全国的人心，赢得了全国的人心，而恢复高考则首先振奋和赢得了几千万颗青年学子的心以及上亿颗学子亲友的心；改革开放改变了国家的命运，而恢复高考则改变了无数青年学子的个人命运，进而为建设国家、进一步改变国家命运培养了人才；改革开放是邓小平在"文革"后作出的重大决策，而恢复高考则是"文革"结束、邓小平恢复工作后作出的第一个重大决策。所以，从这些方面综合来看，恢复高考，确实

---

* 杨冬权，第十二届全国政协委员，曾任国家档案局局长、中央档案馆馆长。

是改革开放的先声，它为改革开放从赢得人心方面作出了试探，从否定"文革"、进行改革方面作出了先导。

我是恢复高考的受益者，更是恢复高考的亲历者，有责任也有义务把我个人所亲历的恢复高考写出来，为国家留下一点记忆，为未来留存一点史料。我参加过两种高考制度下的两次高考，所以，我要先讲我在恢复高考前的一次高考，然后再讲恢复高考时的那次高考。有这两次考试结果的对比，更能看出恢复高考的公正性来。

恢复高考前的一次高考：考得好但上不了

我于1955年出生在江苏省淮安县朱桥公社毕圩大队，全大队从来没听说历史上有人中过举人、进士或上过大学。我的祖辈世代务农，读书识字的很少。我父亲读过几年书，算是队里比较有文化的人了，因而当过生产队的会计。他在大队的伙伴们，有人读书比他多、比他好，因而成为"吃皇粮"、拿工资的公职人员，所以他很羡慕人家，尽力让我们兄弟读书上学，盼望以此改变家族的命运。

1966年我小学刚毕业时，"文革"开始了，学校停课。1968年到1972年，我又继续上了两年初中和两年高中。这时，大学已停止招生，很多知识分子下放到农村劳动，"读书无用论"在全社会泛滥，很多人都不愿让孩子读书，但我的父亲却坚持让我和哥哥一同读中学。兄弟二人同上一个班，在我们全公社和全中学，这是唯一的。1972年底高中毕业后，我们只能回乡务农了。

1975年夏的一天，大队团支部书记让我填写一张表，说大队推荐我上大学。原来，这是一张大学招生推荐登记表。此前我知道，全国的大学在1966年"文革"开始后，便停止考试招生了。1970年起，先是试点、接着较普遍地恢复招生，但招生办法不是考试，而是主要由群众推荐，领导批准。由于当时"走后门"现象渐渐严重，所以不少地方推荐上大学，慢慢地主要凭的是"关系"或"后台"，而不是表现和业绩；看的是出身和成分，而不是水平和能力。所以，看到这张表，自己不禁感到意外了起来。后来得知，我遇上了一位"伯乐"。这位"伯乐"是我们公社的党委宣传委员，在我们大队蹲点。在此之前，全国学习小靳庄，我们大队搞文艺活动，担任生产队会计的我，自编了一台文艺节目，由我们生产队32名比较年轻、有点文化的社员参演，我也是演员之一，并在没人指导的情况下自当导演。这台节目，除了有独唱、对唱、小合唱、表演唱、对口词、群口词、三句半、快板、数来宝之类的小节目之外，我还和另一个社员表演了一段相声，表现的是我们一次冒着大雨坚持劳动的场面。由于农村没见识过相声这种形式，再加上表演的又是日常的劳动，生活味儿很浓，所以，这台节目在参加全大队汇演后，很受欢迎，我也因此而声名鹊起。这位宣传委员不但对这台节目大加赞赏，多次请公社领导和外地到我公社的参观人员来看这台节目，而且还对我本人大加赞赏，认为我是个人才。于是，他就把我作为本大队今年上大学的推荐人选向公社推荐。当他看到推荐表上我还不是共青团员时，马上让大队团支书给我拿了一张入团志愿书，让我"突击"入了团。俗话说：祸不单行，福无双至。没想到，就在这一天当中，幸福竟然两次来拍我的脑袋：我既获得了推荐上大学的资格，又加入了共青团。

我们公社有32个大队，每个大队推荐一个人，故这一年我们公社共有32个被推荐者，据说一共有八九个招生名额（含大学、中专、工厂大学等）。这次招生，由县招生组对考生进行了考试，上午考的是文化课，要求写一篇作文，题目叫《论反对资产阶级法权》。我比较关心时事政治，又喜欢写论文，所以，很快就从什么是法权破题，接着又层层递进地讲什么是资产阶级法权，为什么要反对资产阶级法权，怎样反对资产阶级法权。我的试卷，获得招生组的好评，在后来有全体考生参加的试卷讲评中，我的作文被招生组作为范文进行讲评。

然而，考得好并不意味着被录取。因为公社领导在审批时，是不考虑考试成绩好坏而只考虑考生后台大小、同自己关系亲疏的。所以，当得知某某某被录取的消息而自己没有任何消息时，自己并没有惊讶和伤心，因为这只不过证实了此前我们的分析和推测而已。幸福没有再一次拍打我，我的"伯乐"也暗中为我惋惜。

这就是我的第一次高考。这是一种虽有考试但不唯考试，也不以考试为主，而只以考试作为参考或陪衬甚至是幌子的高考，是一种考试分不及关系分和人情分重要的高考，是一种能否录取不取决于考生水平和能力而取决于批准者意志和权力的高考。尽管我在全公社考得最好，而且先前还有一个小幸运、小意外，但也最终没有被录取，因为国家的大政策"领导批准"，赋予了领导以随意录取的权力，而一些领导的公权私用，又使得高校录取不是唯才是取或唯表现是取，而是异化为有些人唯关系是取、唯后台是取。据我所知，有的人仅仅小学毕业，但也因自己有亲戚与公社书记关系铁而被录取了。更有传闻说，这一年本公社最终被录取的人，全是公社书记一个人的关系户，连与公社副书记有关系的人也未被录取。

我是一个"逆来"而能"顺受"的人。我本人对我的未被录取，一点没有难受或义愤，而是照样该干吗干吗。倒是我那位耿直的爷爷，不识字但又认常理，觉得我考得好而上不了大学，不公平，因而想不通，气不过，终日激愤、郁闷、伤心，几天后竟然有些精神失常了，以致白天晚上不睡觉，见人就问：我们家冬权考得好，为什么上不了大学？经我们兄弟姐妹劝解了好几天，他才又恢复了过来。那种不正常的考试制度，竟然把一个正常的人气得不正常了。事实证明：不公平的考试制度，能把好人气疯。这是这场考试给我们家留下的一个深刻印记。

对恢复高考的消息冷漠以对

1977 年 9 月间，我大队的一名插队知青告诉我，他从南京探亲回来，听说今年要恢复高考，建议我复习迎考。我对这个小道消息将信将疑，加之已有了上次高考的经历，我已经彻底认命了：我就是当农民的命，而没有上大学的命，还是踏踏实实在农村干一辈子吧。所以，我听到这一消息后，无动于衷，连一个复习的念头都没想过。可以说是心如死水，微澜不起。

大约一个月后，10 月 20 日晚，广播中播出了全国从今年起恢复高考的消息，不少人听后热血沸腾，激动万分。符合报考条件又有希望的人，都忙着四处找课本，找复习材料，找复习老师，但我却波澜不惊，毫无动静。有几位高中同学来劝我说，你这水平若不报考，叫我们这些人怎么好报考呀。我被他们带动了起来，于是找出自己已闲置了几年的中学课本，利用空闲时间看一看。这时正值秋收秋种和秋季分配的关键时刻，我是生产队的会计，不但要带领社员们抓紧干农活，而且还要抓紧时间算分配账，根本没时间看书。尽管当时的大队领导和生产队社员，都劝我脱产复习一些日子，但我始终没有脱产复习，而只在空闲时看看书。

记得有一次到相邻大队开会，碰到一名教师，他是南京知青，正在复习迎考。他问我的复习进度，我说初中数学还没有复习完。他惊讶地说：没几天就要考试了，你连高中数学都还没有复习，那你还考什么大学呀？我淡然一笑说：陪考呗，考着玩儿。

幸好我的母校朱桥中学的老师们连续几天，每天晚上义务为我们做复习辅导，我每次都去参加了。这可以算是高考前的一次系统复习了。可惜，这次只辅导了我们上中学时学到的语文、数学、政治、物理、化学等，历史和地理没有辅导。我曾向同学借"文革"前的历史和地理中学课本，但没能借到，因为这时候"文革"前的中学老教材，是社会上最热门的抢手货，紧缺得很，也金贵得很，我哪能借得到呢？所以，直到考试前，我也对世界历史一无所知，虽然知道世界上有四大文明古国，但始终不知道是哪四个。

初考失利，竟又得以复考

恢复高考，恢复的是中断了 11 年的高考，从六六届到七七届，这 12 年中毕业的初中和高中生，只要年龄不超线，都可以报名。据说江苏全省有 200 万考生，因而决定分两次考，第一次为初考，由各个地区行署出题并组织，为全地区统考，由所有报名者参加；第二次为复考，由省里统一出题，是全省统考，由初考成绩达到省考标准者参加。全国进行初考和复考两场考试的省份并不多，后来知道浙江省也是这样的。

初考时间是 1977 年 11 月 27 日，也就是在恢复高考决定公布的一个月又一个星期之后，换句话说，考生们的复习时间总共不到 40 天。

初考我报的是文科，考数学和语文两门。一大早，母亲就为我和同样参加考试的哥哥做了米饭，炒了菜，算是优待了。考场是我熟悉的母校教室。由于抱着无所谓的心理参加考试，所以一点都不紧张。上午好像是考语文，具体题目现在已经忘了，但好像最后一道题是写一篇心得体会，现在还记得写得挺顺畅，没费太大劲，印象较深的是我在文中引用了"春蚕到死丝方尽，蜡炬成灰泪始干"这句唐诗。整篇文章，写得有激情、有文采，自己相当满意。下了考场走到家，两公里路，一点不觉得累。中午满以为有更好吃的，但不料竟然是稀饭，还不如早餐了呢。这个细节，我记得很牢。因为考上大学后，我们兄弟经常拿这事儿同母亲开玩笑说："妈，你连你儿子考大学都不知道做点好吃的犒劳一下呀！中午就让我们喝稀的。"说实话，那时我们家生活还可以，中午吃干饭也是常事，但我母亲没文化，压根儿就没有把孩子考大学当回事，不像现在的城里人，把孩子高考当作大事，又租房子又租饭店地陪着、款待着，生怕有一点不周全。

吃完饭，稍微休息了会儿，就又奔走两公里去考场。下午考的是数学。几何、代数、方程等还可以，其他的就不行了，有些高分题根本不会做，开了天窗，心情比较沮丧，感觉自尊心受到了伤害，切切实实感到了自己的不行，技不如人。

出了考场后，路上心想：一共考两门，其中一门考砸了，复考肯定无望了，今生只能踏实在农村干农活儿了。所以，心灰意冷，情绪低落。一进家门，就拿起一把粪叉，默默地到自留地里挖胡萝卜去了。几十年后，当年考什么我已基本忘了，但考后干了什么，今天却还清楚地记得。

初考下来，考得好的、有希望复考的人，又接着继续复习了，准备迎接复考。而我这个考得不好、自觉复考无望的人，则像几年前高中毕业后那样，一心务农，没有做任何的复习。

12 月的一天晚上，我已入睡，忽然听到院子里妹妹在叫唤，"二哥，你的复考通知下来了"。这是妹妹从公社看戏回来了，在公社教书的哥哥知道我复考通知下来后，便让妹妹回来告诉我。由于在睡梦中，加上这消息来得太突然，所以自己并没有激动，将信将疑地又继续睡觉。第二天哥哥把复考通知书带回家，我看到后才确信，便又开始在空闲时继续复习我的数学。

后来才知道，我为什么数学没考好而仍能获得复考资格。因为考文科的考生只要语文超过 80 分，且两门考分总计超过 115 分，就可以参加复考。我就是因为语文考得好，把总分拉了上来，因而即使数学考得不太好，也有资格复考。

我的人生在这时候，可以用一句古诗来形容：山重水复疑无路，柳暗花明又一村。之后几天的一个下午，我正在麦地里施化肥，远远看见在公社上学的三弟一路跑来。原来哥哥得知让我参加高考体检的消息后，让他回来告诉我。他比我还高兴，便从学校一路跑回来，急着把这一消息告诉我。

体检是在县城的淮安师范学校（中专）进行的。这是我第一次见到这么高级的学校和这么漂亮的校园。体检中，我第一次知道自己是近视眼，也因此明白以前为什么看人看不清楚。体检休息时，我还第一次坐了沙发。以前只在小说里见过这个词，这次算是见到实物，并亲自体验了一下坐上它的感觉。

复考前几天，公社通知我去填志愿，其他考生都在那儿对着好多学校名字认真琢磨，慎重选择，我则三下五除二地很快填好。每人可填报四个志愿，我的第一和第二志愿，选了一个全省"最差"的高校——南京师范学院淮阴分院（大专），两个志愿选了两个不同的专业。因为我考大学的唯一目的，就是跳出"农"门，转变身份，从农民变成市民，从挣工分变成拿工资，从吃集体生产的粮食到吃国家供应的粮食，从捧"土饭碗"到捧"铁饭碗"。至于上哪所大学、哪个系，都不是我最关心的。选定第一、第二志愿后，就随便选了第三和第四志愿——南京大学哲学系和历史系。这四个志愿中，我真正喜欢的是南大哲学系，因为我在农村劳动时，读过一些哲学著作，加之自己又爱思辨，并爱和人辩论，因而对哲学产生了浓厚的兴趣，其他几个志愿都非我所愿，是出于不得已而随便选的。

在32个考生中，我第一个上交了志愿表。公社的文教辅导员看了后，中断了手里的活儿，对其他正在埋头选志愿的考生们说："大家看看人家杨冬权填的志愿，要根据自己的实力填，靠船下篙子！不能好高骛远。北大、清华是名校，但你有那样的实力吗？"没想到，我这低调务实的志愿，一下子成了让人学习的样板了。

复考中，幸运之神连连眷顾我

复考是全省统一的，在1977年12月23日和24日举行，这时距初考不到一个月。复考在县城进行，我们公社全体考生，由公社统一于 22 日下午送到县城，住进了县委招待所。这是我一生中第一次住县城的招待所。由于人多，全公社 32 个考生被安排在一个大房间里，在地上睡用稻草铺的大通铺。

吃完晚饭后，考生们没有一个人出去逛街，全都坐在地铺上作考前的最后复习。我没有带复习资料，所以早早就睡下了，想用充足的睡眠来迎考。但是，别人都在看书，头顶的电灯一直在亮着。我有一个毛病：照着灯光睡不着，于是就坐了起来，向周围寻找有什么书借来看。恰好见右手边邻铺考生的枕头下有本书，他暂时没有看，于是便借来随手翻着看。

这是一本中学地理课本，以前我没学习过。看到有一个叫"暗射地图"的词语时，我不知是什么意思，便好奇地认真看下去。其中看到一幅例图，是中国分省地图，图中有各省的省界线，但未标省名，让人填上省名。这就叫"暗射地图"。这样，我第一次把我国的各省位置记在了心里。

考场设在我们上次体检来过的淮安师范学校。12 月 23 日，我们早早来到考场。这天上午是考史地。进考场前几分钟，有人提议说：咱们上个厕所轻松一下吧！于是一群人一起去上厕所。就在这上厕所的路上，我自嘲地开玩笑说："嗨！像我们这样的人来考大学，不是瞎扯淡吗？我连世界四大文明古国都不知道，还考什么大学呀？"没想到身边有个陌生考生，居然接过了我的话说："你连四大文明古国都不知道呀？"我赶忙追问："哪四个？"他告诉我是希腊、埃及、印度、中国。

上完厕所，进了考场，监考老师发下试卷，我一看，乐得差点叫起来。因为第一道题就是一道填空题，要求填上世界四大文明古国的名字，得分 4 分。我心中一阵狂喜，把几分钟前上厕所路上别人告诉我的知识填了上去。

后来我知道，别人告诉我的四个古国，错了一个，希腊应为古巴比伦。这道题我得了 3 分。但是，这 3 分，是把我送进南京大学的最关键 3

分。因为，这次高考录取非常公正合理：不按考生志愿录取，而按考生成绩由各高校分批录取。这一年，南大文科录取的最低总分是 280 分，而我的高考总分是 281.5 分，刚过南大的录取线。这样，南大作为第一批录取院校，把我录取了。如果没有这 3 分，我可能进不了南京大学。我从未梦想过自己能到南京大学学习，但这 3 分，竟把我没有梦想过的事变成了现实。

后来，我常跟别人笑谈说："我今天的一切，都同当年高考时上了一趟厕所有关。人生在关键时刻，往往上一次厕所也能改变命运。"当然，上厕所时也不能闷头不说话，还要善于同别人交流，和别人聊天。在任何情况下，善于和人交流，都是做人成功的重要秘诀。一个有益的聊天，可能让你终身受益；同你聊天的那个人，可能就是改变你命运的那个"高人""贵人"。可惜的是，直到今天，我也不知道那位同我聊天的人姓甚名谁。

第一道题的狂喜过后，后面还有狂喜。试卷中间又有一道题，在一幅暗射地图中，填上 10 个省的省名，得分 10 分。其中给的中国分省地图，正是昨晚我在地铺上从同学处借来的地理书中的那幅我已经记住了的例图。记忆犹新的我，很快填上 10 个省名。这又让我轻取 10 分。这 10 分，是把我送进南京大学、后来又帮我实现人生一系列梦想的重要 10 分。因为没有这 10 分，我更进不了南大，也更不可能有后来的一切。

所以后来我也同别人笑谈过："随时随地读书学习非常重要，留心处处皆学问，勤奋时时是机遇。有时哪怕是借别人的书随手一翻，就可能翻出你自己的人生转折来，就可能翻出开启幸运之门、理想之门的金钥匙来。"

复考中，平时的积累也帮了我大忙。我的第二次高考成功，看起来充满幸运，极富传奇，但细想起来，也不全靠命运，并不全是传奇。其中更主要的还是得益于我平时的辛勤劳动和努力学习。

比如这一次的作文，就得益于我的一次刻骨铭心的劳动和平时对天气、对环境的观察与记录。这次高考的作文题是《苦战》。正好这一年 9 月间，正在早稻成熟尚待收割之际，天气预报有一场台风即将来临。我立即组织全体社员，夜以继日地加紧抢收几十亩早稻。经过艰苦的连夜奋战，我们终于在台风到后不久便抢收完毕，避免了稻谷的大面积受损。大队领导对我队这场抢收非常满意，事后曾让我写一篇广播稿送公社广播。我看到这篇作文题目，不暇多想其他，马上就决定写这场抢收苦战。自己亲身经历的场景，历历在目，活灵活现。加上此前我在当记工员时，常常于休息时在记工账本的背面写下对各种不同天气的观察记录，以及对各种劳动场景的描述。其中，对台风来时的景物描述，对割稻、挑把（稻捆）、堆把等劳动场景的描述，此时都派上了用场，涌到了笔底。对这场抢收苦战的描写，我自信会打动阅卷人，当时心中还为此窃喜。但在出考场后，其他考生的交谈却浇了我一头冷水。他们说，这篇作文的主题，应该写科技攻关。因为之前媒体上发表过一篇叶剑英副主席的诗："科学有险阻，苦战能过关。"因此，这篇作文应该紧扣这句诗来写科技攻关。我之前背诵过并也喜欢读这首诗，这一下我十分懊恼自己为何没有想到这首诗。直到考试结束回家后，自己仍为此闷闷不乐。父亲问我为什么，我说作文"跑题"了，肯定考不上大学了。从未做过作文的父亲安慰我说："抢收也是苦战呀，不一定非得搞科研才叫苦战，你这么写不一定'跑题'，甭担心。"

再比如这一次的语文卷加试题，就得益于此前我对古汉语的热爱和钻研。这道加试题，是一篇古汉语，要求翻译成现代文，得分 20 分。这篇古汉语，我看着看着，觉得有印象，好像曾经读过并抄写过。此前，毕业回乡劳动期间，我曾从别人手里借到一套"文革"前初中和高中的语文教材，把其中的每一篇古文都研读过，并用毛笔小楷抄写下来，同时还抄写了注释和难句的译文。试卷中的这篇古文，是《荀子·劝学篇》中"君子善假于物"那一段，正是这套教材中的一篇。所以，我很顺利也很流畅地翻译了出来，几乎得了满分。回队劳动期间，除了抄过这套语文教材中的所有古文外，还向别人借读过"文革"前中华书局出版的《中华活页文选》合订本一册，它收的都是古文名篇。印象最深的，是《史记》中关于鸿门宴的那一篇，曾经饶有兴味地读过好多遍。特别是我还借读过一本线装本的《古文观止》，每在劳动间隙，我都以此书解乏。我在很多名篇上，都写满自己的见解和心得，还对十多篇较浅的古文尝试过进行现代文翻译。当时曾暗下决心，将来要把《古文观止》全部译成现代文。正是这些平时的苦功夫，让我在考试中如鱼得水，易如反掌地以近乎满分完成了这道加试题。上学后，同老师聊天知道，我之所以被南大历史系而非哲学系录取，主要是因为我的这道古文翻译题考得好。

又比如这次的史地试卷中，有一道是关于巴黎公社的题。我在上中学时，对巴黎公社就很感兴趣，对马恩著作和今人文章中关于巴黎公社的评价、论述等记忆犹新，所以这道题也答得相当完整。

可以说，我这次高考总分281.5分中，除了13分是幸运分以外，其余260多分，都是靠上学时的学习和劳动时的业余学习所得到的基础分、功夫分、扎实分。没有这260多分功夫分做基础，那13分幸运分就发挥不了关键性的"临门一脚"的作用。这也说明一个道理：偶然中有着必然，必然中也有偶然。幸运是给勤奋者的见面礼。勤奋和幸运是相辅相成的。没有勤奋做基础，幸运就成不了关键，而只能作为陪衬，成为流逝的火、飘过的云，成为沙漠中的雨，积不成水。

大学录取通知书圆了我的大学梦、人生梦

1978年2月18日、19日，连续传来消息，我们公社的两名南京知青，先后被上海的两所大学录取。20日，我父亲吃完早饭同家里人说："别人的大学通知书到了，为什么冬权的还没到呢？今天我到邮局去问

1981 年，作者在南京大学图书馆前留影

问。"快中午时，我在地里挑淤泥收工正走在回家的路上，有人向我喊道："冬权，你的大学通知书来了！"听到这喜讯，我一高兴，双手一撑，扁担竟然从肩上掉了下来。我心想：如果这消息是真的，恐怕这扁担，这辈子我也不会再扛起来了。后来问别人才知道，父亲上午真的去了公社邮局，问邮递员有没有毕圩大队杨冬权的挂号信。邮递员查了查，说有一封南京大学给杨冬权的挂号信。父亲因还要到公社办其他的事，就让先回来的村里人向我"报捷"。

中午，全队的人都知道了消息，很多人到家中来祝贺我。我说没看到通知，还不知道什么情况呢。草草吃完午饭，我赶紧拿上我的私章，去公社取挂号信。打开信才知道，我被南京大学历史系录取了。尽管这是我填的最后一个志愿，历史系也是我非常不喜欢的一个系，因为我对历史一窍不通，除了小学学过的那点中国历史外，就只有"文革"中批判过的《三字经》和看过的评法批儒文章中的那点历史知识。但这丝毫没有影响我的情绪。我为我的大学梦圆而激动不已！有些见识的人告诉我：南京大学那是全国名牌大学，全公社还没听说谁上过这所大学呢。

我决定按照通知上所说的报名时间，于 2 月底去报到。于是，我拿着通知去找大队领导，商量我的职务交接和交接人选。我组织了一个算账组，把我担任会计以来两年零两个月的账目全部清算了一下，签字后在生产队公示。这样，我可以清白地离开。

在和本队的每户人以及邻队的一些熟人告别后，我走上了上大学的路。这时，我穿上了母亲这几天为我赶制的新棉衣。

上南京大学，使我跳出了"农门"，实现了身份转变，由农村户口转成了城镇户口。这是我人生的第一次重大转变。我这个毫无靠山的草根小民，逆袭成功，成为一名光彩照人、让人羡慕的大学生。

在南大四年的学习中，我先后有两篇论文在全国性学术刊物上发表，实现了自己"要在世上留文字"的梦想。这使我在南大小有名气。毕业时，中共中央办公厅第一批到南大招人，历史系领导把我推荐给了中办。我这个非中共党员，居然被中共中央办公厅这个党的中枢机关录用，我和我的同学们都惊呆了，因为谁都不可能想到。这又是一件我做梦也没梦到过的事。经过多年努力，2006年，我被任命为中央档案馆馆长、国家档

南京大学历史系 1977 级毕业照

案局局长，后又被选为党的十七大和十八大代表，两次参加举世瞩目的党的全国代表大会。2013 年又成为第十二届全国政协委员，参加每年一次的全国"两会"。这"全"字头、"中"字头、"国"字头的三个职衔，让我的人生达到了顶点，取得了圆满，让我倍感荣耀。这又都是我做梦也梦想不到的事情呀。这就是我的人生梦！

余　感

我后来知道，这次恢复高考的决策人，是邓小平。所以，我和当年的 20 多万高考恢复后第一批入学的大学生们，以及之后陆续入学的其他大学生们，都由衷地感谢邓小平，感谢邓小平的这一果断决策，感谢中国共产党的这一英明决定。我的经历说明：那是一次真正公平的考试。

像我这样毫无背景和后台、毫无任何关系的农家子弟，仅凭自己的一点才华和一点幸运，就走进了大学校门，之后，又走进了中央国家机关，走上了高级领导岗位。仅从这一点来看，高考制度就不可轻废。它是草根阶层走向精英阶层的一条光明大道，是平民子弟改变自身和家庭命运的一个重要途径，是社会保持阶层流动的一个必要通道，是体现社会公平的一个显著标志，也是国家网罗人才、让青年一代实现梦想的一个重要手段。从中外历史来看，目前没有比考试更公平、更高效的选人办法，也没有比考试更公正、更客观的用人尺子。如果废掉这把尺子，改用其他的尺子，比如推荐的办法、选举的办法、个人决定的办法、世袭的办法等，弊病都会比这多，危害都会比这大。在设计出更加科学合理的选拔人才办法之前，先不要轻言废弃考试制度。这是我从我个人两次高考中所得出的对高考的不成熟看法。高考是一种选拔人才的方法，高考应选出有水平、有能力的考生。因此，高考制度改革的方向，应该考虑如何减少除考生以外的一切人为因素，而不是加强除考生以外的一切人为因素。否则，考试结果就会被各种心怀私利的人所控制，出现异化，出现倾斜，失去公平，失去正义。高考又是社会的一个"风向标"，是引领社会风气变动的"指挥棒"。考试不公平，又会加剧一系列的社会不公平，使社会失衡一步步加剧，直至崩溃，继而以新的制度建立新的社会平衡。这就是考试公平与社会公平、社会稳定的关系。于此，益见恢复高考对中国社会发展的重要作用。

恢复高考后，考生们在学校很快就遇上了改革开放。由于他们本身就是高考制度改革的受益者，因而对改革开放从心底里拥护，他们成为坚决拥护改革开放的一个重要群体，成为拥护改革开放的"基本盘"。毕业后，他们成为改革开放的重要参与者，成为以后四五十年中改革开放各项事业的中坚和骨干，成为填补过去十几年人才空白的早熟的一代人，成为改革开放的人才支撑。他们为改革开放作出了巨大的贡献。他们的聪明才智，熔铸成改革开放的牢固基础。改革开放因他们更加精彩。

恢复高考，不但改变了国家的未来，而且改变了因此而受益的无数个人的命运。我的个人命运，就因恢复高考而根本改变。我的高考故事具有传奇性。我能够上大学，国家政策起了决定性作用，个人努力起了基础性作用，个人幸运起了关键性作用。今天，草根逆袭成为很多人的梦想。我的高考故事具有传奇般的故事性和戏剧性，又有着草根逆袭的典型性和代表性，并可以深刻说明国家政策与个人努力、个人幸运之间的辩证关系，可以完整地诠释三者的不同作用，应该更富有人生的启迪和教育意义。因此，我想把此文留给后人。

2022 年 10 月

改革开放

从初出国门到再访德国

——追忆中德农业合作 20 年的点滴

牛 盾*

    2007 年 7 月，当我以中德农业联合委员会中方主席的身份第二次来到德国的时候，不由想起 1988 年 7 月我受北京农业大学派遣，首次走出国门在德国巴登—符腾堡州霍恩海姆大学为期一年的高等农业教育管理工作考察与进修学习经历，以及这些年来中德国民经济社会发生的巨大变化，心生颇多感慨。这 20 年，《雅尔塔协定》和《波茨坦协定》于 1949 年造就的东德、西德两个国家，结束了 40 多年的分裂，于 1990 年 10 月 3 日重新统一，我国香港、澳门也回到了祖国的怀抱；这 20 年，德国战后实行的社会市场经济架构在其"经济奇迹"中的基石作用进一步显现和强化，而我国从 1992 年开始出有计划的商品经济向社会主义市场经济体制全面迈进，国家综合实力实现持续快速攀升，在世界国内生产总值排名榜上中德成了近邻；这 20 年，中德农业合作从蹒跚起步到建立稳定的工作机制，从"星星点灯"到"遍地开花"；这 20 年，我则在党和政府的培养下，从一名农业教育管理工作者成长为我国农业国际合作工作的负责人，从中德农业合作的受益者转变为中德农业合作的推动者和实践者。我

---

    * 牛盾，第十二届全国政协委员，曾任农业部党组成员、副部长，常驻联合国粮农机构大使。

国近代史上"睁眼看世界"第一人魏源提出向西方学习的思想已经100多年了，对外开放的国策已经实践了30个年头。这次再访德国追忆初出国门的所见所闻所感，仿佛能够直接倾听到伟大祖国20年来在世界舞台上雄健的前进脚步声，点点滴滴都显得弥足珍贵。

踏访中德农业合作的脚步

2007年7月23日上午，按照访德日程安排，我准时在慕尼黑登上了第二届中德农业经济论坛的演讲台。当我用德文讲述了20年前在德国学习进修的往事时，在场的德国朋友注目倾听，仿佛把思绪也拉回到了20年前；当我全面介绍中国农业发展的基本情况和巨大成就时，全场几次响起热烈的掌声，我听得出那掌声里充满诚挚的祝福；当我展望中德农业合作的美好愿景时，会场中浸染着憧憬与期待！当天下午，我和德国消费者保护、食品及农业部议会国务秘书米勒先生共同主持召开了中德农业联委会第二次会议，随后共同举行了新闻记者会。一位德国记者问我：您如何评价中德农业合作的昨天、今天与明天？在简要地回答了他的问题后，在回宾馆的车上，我的心情依然难以平静，是呀，我们是该梳理一下中德农业合作的脉络了！

（一）中德农业合作的昨天：值得一提的山东粮援项目

中德农业合作开始起步的时候，并没有一个完整的规划。合作方式从相互派人员参观考察，到分散的项目援助，合作的范围、领域都是比较窄的，可以说是"星星点灯"，但是中国最大的外援扶贫开发项目——中德合作山东粮援项目在点点星光中熠熠生辉。1988年7月，初出国门走入霍恩海姆大学的我无论如何也没有想到，中德合作山东粮援项目也开始于1988年，在16年后我作为中国农业部国际合作司司长给这个项目画上了圆满的句号。而在这个项目的背后，还有着一些鲜为人知的故事。

2007 年 7 月，作者在德国慕尼黑举办的第二届中德农业经济论坛开幕式上致辞

　　1959 年联合国大会通过一项决议，要求发达国家每年拿出国民生产总值的 0.7%，以多边或双边方式援助发展中国家，其中包括粮食援助。中国从 1978 年安置越南华侨难民开始接受世界粮食计划署的粮食援助，接受国际粮食援助的条件是缺粮贫困。按照当时国际标准，人均年收入低于 1395 美元即为低收入国家，中国属于这类国家。但如果粮食自给有余，就不能给予粮食援助。1984 年中国粮食丰收，全国报纸不断宣传中国农村卖粮难，仓库储存不下了，甚至有的报道说中国已经成为粮食净出口国。这种宣传给国际上造成了错觉，似乎中国的粮食问题彻底解决了，给当时中国接受国际粮食援助带来了很人困难。

　　1985 年和 1986 年讨论粮食援助的一些国际会议上，发达国家如美、加、澳、法等国认为中国如果成为粮食出口国，将在国际市场上与他们竞争，因此不愿中国再得到粮食援助；一些非洲和亚洲的发展中国家则认为，中国的粮食多了，不应再接受粮食援助，而应当捐献出来援助别国。因此，中国处境十分被动。世界粮食计划署驻华代表看到"中国已成为粮食净出口国"的报道后，就向我国农业部提出：中国是否可以停止接受粮食援助了？农业部为了扭转世界粮食计划署和海外特别是捐赠国对中国粮食供应情况的模糊认识，一方面于 1986 年 4—5 月邀请世界粮食计划署的执行干事英格拉姆先生访问中国，并请国务院总理会见做工作，代表政府阐明中国的粮食还没有过关，人均占有量低于国际水平，全国农村仍有 10%—20% 的地区贫困缺粮；一方面，在 1986 年 9 月，邀请世界粮食计划署的主要捐赠国美、日、德、英、法、澳、加等国代表来中国参观，实事求是地宣传中国的粮食状况，并实地考察山东沂蒙山区贫困缺粮的情况。当时联邦德国派来的代表是经济合作部营养问题司司长曼巴先生，他在沂水县一个山村参观时，看到那里荒山秃岭，农民屋舍简陋，生活困难，饮水要到五六里外去驮，年轻姑娘不愿嫁到这里来，男光棍居多，很受触动。在离开沂水去聊城的汽车上就表态说：我在德国是主管粮食援助的，看到沂水县山区那么贫困，我们很愿意提供粮食援助，额度至少 100 万马克，待回国后查一下还有多少余款，尽力多提供一些。

时隔多年，当我 2003 年接任农业部国际合作司司长，查阅这一项目的背景时，仍能感受到当时的农业部外事司司长、后升任主管外事工作的副部长——相重阳先生在中德农业合作起步阶段所做出的艰辛努力。而实际上从 1988 年 1 月开始实施的"三沂"粮援项目（山东沂水、沂源、沂南）一开始投资就达到了 600 万马克。后来在中德两国政府的关心支持下，几经延续扩大，总投资超过 1.4 亿马克。项目实施先后跨越了 16 个年头，共建成饮水工程 1200 多处，解决了项目区 120 万人和 112 万头牲畜的吃水困难问题；在 176 个小流域内综合治理水土流失面积 645 平方公里，种植水保林 18843 公顷、经济林 18089 公顷；修水平梯田 22867 公顷、塘坝 305 座，建成灌溉工程 231 处，发展灌溉面积 17 万亩；对项目区 36 个水文测量站及 3 个雨量站进行了技术改造和设备更新，培训县、乡、村各级人员 3 万余人；建设乡村道路 2800 公里，架设输电线路 1200公里，成为中德农业合作领域的一个典范。

2003—2004 年间，我带领工作组前往山东项目区，指导和推动该项目发挥长期作用，并就项目运作与管理进行评估，发现该项目的一些做法值得在今后的农业国际合作工作中参考。一是组织严密。从中央到项目村建立了一套完整的项目组织机构，省、地、县三级成立了项目领导小组，领导小组下设项目办公室，负责项目日常工作，乡镇水利站和村委会负责管辖范围内的项目实施。二是标准统一。严格按项目宗旨规划、选点立项，严格按项目工程设计提纲组织设计、审批，严格按设计书由专业队组织施工，严格按项目工程验收标准进行工程验收。三是制度健全。注重项目管理规范化、标准化、制度化，统一制订了《中德合作山东粮援项目工程管理办法》《中德合作山东粮援项目人畜饮水工程设计提纲》等各项制度和技术规范 40 余项，县里结合自己的情况制定了相应的实施细则。四是重视培训。粮援项目始终把人员培训放在重要位置，坚持先培训后上岗。五是监察评估。项目总体规划和每年项目计划都制定了监察评估指标，省、县都配备了监察评估人员。中德双方专家及有关项目单位实行定期不定期的检查，对发现的问题认真研究改进措施，有力地促进了项目建设和管理。

（二）中德农业合作的今天：级别提升，领域拓宽

人生总有很多巧合。2004 年 10 月，中国农业部和德国消费者保护、食品及农业部共同在北京举办以"生态农业"为主题的研讨会，我作为主管国际合作工作的中国农业部副部长，陪同时任农业部部长的杜青林同志接待来访的德国消费者保护、食品及农业部部长科纳斯特女士，双方一致同意恢复建立副部长级中德农业工作组机制，这距离我首次赴德和启动中德山东粮援项目已经整整过去了 16 年，从此中德农业合作开启了一个新阶段！

这几年，中德农业交流互访层次不断提升。2006 年 1 月，中德两国农业部签署了《中德农业合作协议》，确定此后一段时期主要在生态农业、农产品质量安全、农村能源利用与开发、动物疫病防控等领域开展合

作。2006年7月，我与德国消费者保护、食品及农业部议会国务秘书米勒先生在北京共同主持召开了中德农业联委会第一次会议，商定了在可再生能源、农业机械、动物检疫和兽医、农业贸易等领域的具体合作计划，举行了120多人出席的第一届中德农业企业家论坛，并达成多项合作意向。2007年7月，我再访德国主持召开的中德农业联委会第二次会议，进一步强化了双方交流合作机制，深化了两国农业合作关系。双方一致同意在农业和农产品贸易政策、兽医、可再生能源、动植物育种、农业机械和农业科研等领域开展信息技术交流和人员培训等多方面的合作。就在我国内蒙古合作建立甘河现代农业示范农场事宜达成共识，签署了《关于在中国建立现代农业示范农场的意向声明》，德方将为示范项目提供100万欧元的农业机械设备，并提供相应的技术咨询和人员培训以及粮食烘干、植物保护等方面的技术。其间，我还与德国巴伐利亚州农业部部长会谈并签署了《推广和运用德系西门塔尔牛遗传物质的协议》，德方向中方无偿提供2万份花斑牛（奶肉兼用）的冷冻精液，用于改良中国奶牛品种和提高肉牛品质。

这几年，中德农业合作项目多领域推进。在项目合作方面，已经完全打破了20世纪80年代以来山东粮援项目"一枝独秀"的局面，围绕建设现代农业和社会主义新农村的重点领域"遍地开花"。2003年，德国提供500万欧元的无偿技术援助，实施"中德华北地区集约化农业环境战略项目（2002—2009）"，减少项目区（河北省4个县）硝酸盐及农药对蔬菜、水果和土壤、水体的污染，开展畜禽养殖场废弃物的综合利用，控制其对地表水和地下水的污染，探索集约化农业可持续发展的有效途径。2005年，德国提供250万欧元的技术援助，启动"中德废弃农药管理项目（2005—2009）"，推动湖北、江苏和吉林三省采用符合环保要求的方式对废弃农药和被污染包装物进行管理。同年，德国提供350万欧元的技术援助，在海南和湖南启动"中德农业生物多样性保护项目"。2007年，德国又提供 400 万欧元的技术援助，启动"中德可再生能源—生物质能源项目"，为中国大型沼气设施建设提供技术咨询和人员培训，促进农业和农村经济可持续发展。

这几年，中德农业科技合作迈出新步伐。2005 年 10 月，中德农业科技合作工作组在北京召开会议，通过了 2006—2007 年度 37 个合作研究项目。在两国农业部门的积极推动和项目承担单位的共同努力下，项目取得了明显成效。双方的合作方式从单一的互派学者考察访问拓展到定期互访、联合培养、共同攻关等多种形式，并发展为对世界农业科研最新进展的动态跟踪。通过开展合作研究，培养了一批熟悉国内外农业科技发展状况、有较高研究能力的科研人才，促进了我国农业科研水平的提高。另外，通过种质资源的交换与交流，也丰富了两国的农业品种资源，促进了两国农业的进一步发展。

这几年，中德农业贸易活动发展迅速。2003 年以来，我国每年都组织有关企业参加德国纽伦堡有机食品展，年均贸易成交额超过 4000 万美元。从 2007 年开始，我国组团参加历史悠久的德国柏林绿色周国际农业博览会，充分利用这一平台宣介我国农业发展成就及产品。德国有关农业企业也频繁来华参加或举办各种展会活动。德国农业协会（DLG）和德国汉诺威展览公司自 2005 年以来每年在中国举办"Agri. China"农机展。从 2003 年到 2007 年，中德农业贸易额已由 7.1 亿美元增加到 15.74 亿美元，翻了一番以上。

（三）中德农业合作的明天："我们"和草原有个约定

中德农业联委会第二次会议取得了令双方都很满意的结果，双方就进一步加强合作进行了深入探讨，达成了很多共识。在会议上我们商定，2008 年秋天召开中德农业联委会第三次会议，地点就在我国西部边陲新疆。新疆不仅有美丽的天山牧场、富饶的伊犁草原，而且蕴含着中德深化动物育种和畜产品加工以及现代农场建设等多方面合作的巨大潜力。加强中德农业合作，符合两国的利益，这项能带来双赢结果的活动一定会不断深入地开展下去。我畅想着与德国同行们走在我国北疆美丽的草原，听着远处传来悠扬的歌声，站在新的历史起点上，共同筹划中德农业合作的未来，可能这也是"我们"和草原有个约定吧！

关注未来农业的发展方向

2007年7月24日，我们如约来到巴伐利亚州的一个有机农场，那里小麦和奶牛生产形成了一个完整的有机农业产业链。接待我们的农场主叫诺曼斯基，显然他早已不是中国人想象中的那种农民了。如果非要按照我们的传统观念给他一个合适称谓的话，可能称之为农民企业家更准确一些。他身兼数职，除了上述头衔外，还是巴登—符腾堡州霍恩海姆大学学生农事实习的指导老师，是当地农业合作社的主席，是自家农场"休闲农业"游的经理和讲解员，是自家酸奶加工厂的经理和技术总监。知道我们来自中国，我还曾经在霍恩海姆大学学习工作过，诺曼斯基非常热情，在接待我们参观他的现代有机农场过程中，如数家珍地向我们详细讲述了他、他的农场以及他对农业的一些看法。在参观当天的小结会上，工作组的几位同志都谈到，德国农业对于我们研究未来农业发展的方向特别是走中国特色农业现代化道路很有参考价值。

（一）重视发展规模化农场

德国是一个高度发达的工业化国家，城乡一体化水平高，农村的基础设施（道路、电力、通信和自来水等）与城市几乎没有区别。德国农村的城市化最早可以追溯到1871年德意志帝国建立时期。当时，随着德国统一，资本主义在德国迅猛发展，德国工业迅速跃居世界前列。1882年，全德有300万小农户，占农户总数的60%，但他们拥有的耕地仅占整个耕地面积的5%。在这种情况下，资本主义生产方式顺利推进，大批中小农户纷纷破产，和雇农一起流入城市，绝大部分加入了工人队伍。因此，德国很早就已完成了农村剩余劳动力向城市的转移，为农业规模化生产提供了良好条件。可以说，诺曼斯基就是一位很有特点的德国农户：既养牲畜，还种庄稼；既独立经营，又能在合作社中找到组织形式；既从事农业生产，同时也搞农产品加工。

德国农业生产自始至终都是以家庭农场的形式进行的。90% 的农场耕地面积小于 50 公顷，其中一半的农场是兼职经营的。也就是说，拥有农场的这些家庭的主要收入来源于农业以外的经济活动。而专职经营的农场在农产品供应方面起着极其重要的作用。这些农场主要生产谷物、马铃薯、甜菜和水果。大多数家庭农场都饲养食用畜禽，而且多数都是以传统饲养方法为主，也有一部分可与工业企业相媲美的养鸡场和猪、牛饲养场。

从土地经营规模上来说，家庭农场有一个从小型向中大型转化的趋势。随着农场经营规模的扩大，农场总数急剧减少。从 20 世纪 50 年代到现在，拥有 1 公顷以上土地的农场从 160 多万个减少到 70 余万个。这主要是由于在新技术的利用方面，大农场比小农场有更大的优势，从而大大降低了劳动消耗，生产率迅速提高，使小农场在市场上缺乏竞争优势。再者，德国政府在提供农业贷款等方面，重点照顾有生命力的大农场，从而使小农场的生存和发展处于不利地位。

（二）重视发展农业机械化

从 20 世纪 50 年代开始到 60 年代中期，只用了十几年的时间，德国农业就实现了机械化，1967 年已有 80% 农户单独拥有拖拉机，畜力全部被机械所取代。同时做到了农机的系列化、通用化和标准化，门类齐全，配套完整，其机械化水平居欧洲之首。目前平均每 5 公顷耕地就有一台拖拉机，每公顷耕地拥有的拖拉机功率居世界前列。1950 年，西德每 100 个就业人员中有 20 个人从事农业，1 个农民平均供养 10 个人，而现在每

100个就业人员中只有5个从事农业，一个农民可供养130人。

（三）重视发展合作组织

德国农户土地面积较小，是不利于实现机械化的，但却很顺利地实现了机械化，遍及德国农村的各种各样的合作社立下了汗马功劳。德国是世界合作社的发祥地，把合作社发展成为功能齐全的社会服务体系是德国对世界农业的一大贡献。早在1967年，当时的德国就制定了第一部《合作社法》，后来经过多次修改和完善。法律规定，合作社至少要由7名社员组成，社员需有一定的资金参股，他们共同拥有一个企业；合作社通过这个共有企业来提高社员的收入，增强社员的经济实力。按照经营的业务范围，合作社可分为五大类：农资供销、加工合作社，信贷合作社，手工业、商业和服务业合作社，消费合作社，住房合作社。另外，还有三种农机合作社的组织形式。各种各样的合作社遍布德国农村，为农民提供农产品生产、加工、销售以及信贷、农资供应、咨询等方面的服务，成为一个综合性的社会服务网络，在农业发展中发挥着个体农民和国家都不能替代的作用。德国合作社的发展历史表明，这一形式不仅能够很有效地提高农民的组织化程度，提高农业现代化水平，而且能使农民得到实实在在的好处：一是在生产交易活动中减少中间损失；二是在资金融通方面免除债息过高的风险；三是在农产品加工方面共同享受增值的好处；四是在使用大型农业机械和设施方面互通有无；五是通过农业产业内部分工，享受和提供完善的社会化服务，如良种供应、病虫害防治、机械维修技术培训和信息咨询等。

（四）重视发展农业信息化

近年来，德国农业信息技术不断推广普及，农业生产大多数工作是通过操作计算机来完成的。德国农业生产技术信息服务主要通过三种类型的计算机网络来实现。一是各州农业部门开发和运营的电子数据管理系统，用户通过电话线与系统联机，可随时获得农作物病虫害发生情况、病虫害预报警报、防治办法和技术以及农业生产资料市场信息等；二是邮电系统开发经营的电视屏幕文本显示服务系统，用户可通过邮局的通讯网络，获得农业信息服务和农作物病测报信息服务；三是德国政府农业部门下属农林生物研究中心开发建设的植保文献数据库、农药残留数据库、害虫管理数据库等。从技术层面看，遥感技术、精准农业技术、计算机模拟和模型技术在德国农业生产与管理中广泛应用。早在 1993 年就有研究机构提出利用全球卫星定位来解决局部土地因多样性、复杂性带来的耕作问题，在生产技术上采取因地制宜的不同处理方式。农机采用卫星系统来定位，能够自动确定在地块上的相关位置，根据实际情况准确地施用肥料和农药。这种生产技术可使投入效果最佳，既能够减少生产费用又有利于环境保护和农业的持续发展。另外，德国政府还鼓励农产品经销企业在网上开设"虚拟市场"，并与全国各地已有的食品加工商和供应网建立联系。通过"虚实结合"的方式，完善农业生产、供应和流通方式，一方面可以让消费者及时买到所需的农产品；另一方面，农户和农业生产企业可以根据客户需求，签订供求合同，实现按照"订单"生产。

（五）重视发展农业科技

德国政府历来重视农业科技在农业发展中的作用，在植物遗传育种、动物优良品种培育、动植物检疫及工业原料选育等方面开展生物技术研究，是起步较早并取得较大成绩的国家之一。在转基因运用方面，德国科学家利用人工合成的助长素，使茄子的生长受到定性支配，在冬季种植的茄子也可以达到与夏季茄子相似的品质和口感。在利用生物技术培育能源植物方面，在 20 世纪 90 年代就号召大力种植经济作物，以代替矿藏资源、化工原料等产品。德国科学家对甜菜、马铃薯、油菜、玉米等进行定向培育，并从中制取乙醇、甲烷，成功开发出绿色能源。

（六）重视促进可持续发展

20 世纪末和 21 世纪初疯牛病的蔓延以及近年来石油价格高企两大因

素不断刺激着德国政府反思现代农业发展道路。2001年，政府明确提出，农业生产不能再一味地强调提高产量，而是必须重视食品安全，将维护消费者的利益放在首位，最终实现农业可持续发展。2001年，德国约有8000个农场的生产方式符合有机农业规定，其产量在农产品总产量中约占2%，政府计划到2010年将这一份额提高到20%。2004年11月，世界首届合成生物燃料国际会议在德国沃尔夫斯堡召开。德国汽车业专家在会上称，2010年生物燃料将成为传统燃料的替代选择。而目前德国已经成为生物柴油利用最为广泛的国家，每年生产和消费110万吨，占世界总消费量的一半还多。开发生物燃料是德国政府新燃料战略的一部分，从这个意义上说德国农业已被赋予了新内涵。

德国的农业发展政策总的来说是在欧盟共同农业政策框架内实行的。欧盟共同农业政策的目标是：提高农业生产力，增加农民收入，稳定市场和价格，向消费者供应高质量的食品。德国在这一框架下，把本国农业定位于更为广义和重要的位置上，除了为本国供应足够的食物以外，还具有以下功能：（1）保护种质资源，特别是保护物种的多样性、地下水、气候和土壤；（2）乡村景观为国人提供宜人的工作、生活和休养场所；（3）农产品为工商业提供原材料，并能为能源部门提供能源。为实现这些目标，虽然今天大部分农业政策决策都是由欧盟作出的，但德国还没有把一些重要的职权交给欧盟，特别是农业结构政策，欧盟在这方面只制定了框架，而要由联邦政府和议院付诸具体实施，如农村道路建设、田亩归并、村庄重划等，都会得到政府的资助。

从1988年初访德国以来的20年里，我国农业也在经历着积极探索和快速发展的实践过程，无论是农业机械化、农业信息化、农业生物技术，还是农产品质量安全问题、农业发展方向和路径选择问题，都成为我国发展现代农业、建设社会主义新农村和统筹城乡发展进程中无法回避的现实问题，而我则有幸直接从事或领导着其中多项具体工作，德国在这些领域的做法都或多或少给予我有益的参考。在作为中方代表参与 WTO 农业谈判和双边、多边磋商过程中，德国敢于在欧盟共同农业框架下保留"特权"的情况也经常给予我警示，让自己更加坚定地为我国农业去争取尽可能多的发展空间。

寻找德国经济腾飞的"秘密武器"

2007 年 7 月 25 日，我们来到了坐落在巴登—符腾堡州斯委比什哈的歌德学院，那是 20 年前我在德国学习进修的第一站。一座面积不大的仿古建筑，一个并不显眼的校园，让人们很难与它建于 1951 年的历史，目前已遍布 78 个国家和地区、分支机构多达 144 个的庞大规模和广泛影响联系起来。作为促进德语语言教学并从事国际文化交流合作的一所国际著名培训机构，歌德学院在全世界享有盛誉，实际上这只是德国重视职业教育的一个缩影。

大力发展职业教育，不仅是德国在社会市场经济体制下预防失业、提高就业率、促进技术进步和提高劳动生产率的重要途径，而且是实施社会政策、保持经济稳定增长的重要手段。在德国，各种类型的职业学校数量大、学生多，这类学校广泛训练和培养大批有熟练专业技能和较高职业素养的工人及各种技术人员。成功的职业教育，对德国经济发展以及在国际贸易中占优势的产品质量，都起到了十分重要的作用，被誉为是德国"经济奇迹"的"秘密武器"。法国和美国都对德国职业教育经验十分重视，美国还曾组成以副总统为首的考察团，专门研究引进德国职业教育的做法。

（一）德国职业教育的主要形式——双轨制

德国的职业教育主要由两种类型的学校来实施，一类是职业学校，另一类是专科学校。其主要形式是"双轨制"。所谓"双轨制"就是一套企业与职业学校密切配合、实践与理论并举的职业教育制度。它的主要特点是企业承担了职业教育的大部分经费和主要责任，职业学校只起辅导作用。与此相应，"双轨制"注重的是提高受训者的实际操作能力，职业学校的理论课是直接为在企业中的实践服务的。学生在结束职业教育后可以立即投入生产工作，无需再经过一定的适应时间。

为了调动在职业教育中承担主要责任的企业的积极性，联邦政府在政策上给企业以一定的照顾。如规定企业的职业教育费用可计入生产成本，可减免税收，可计入产品价格，在产品售出后收回等等，这为企业积极开展职业教育提供了内在动力和制度保障。为了保证职业教育在普及的同时又能保持较高的水平，德国政府对职业教育的每个环节，如师资、校舍、设备数量和教学、培训的内容等方面都规定了十分明确和统一的标准。

（二）以立法推进职业教育发展

德国职业教育的"双轨制"教学原则因为牵涉到大量的私营经济、企业、工厂和公立职业学校之间的有机合作，因此在职权、人力、物力的安排上都容易出现矛盾和推诿，需要周密的协调。自20世纪50年代以来，联邦议会、参议院、联邦政府就此方面通过了一系列的法律、条例和规章制度，制定出了：（1）职业教育法（或称职业培训法），（2）职业教育促进法，（3）农业职业教育基础阶段实训与课堂教学时间计算原则，（4）家政职业教育基础阶段实训与课堂教学时间计算原则，（5）青年劳动保护法。此外，还有其他培训规则、规章等制度和条例，并逐步公布了450个职业可在德国得到正规的培训和教育。受训者在获得合格证书后便成为全国各地公认的技术工人，可自由寻找工作，并应至少得到国家规定的工资数额。

（三）德国职业学校的种类

德国的职业学校种类非常多，主要有职业学校、职业专科学校、专科学校、职业提高学校、专科高中、职业完全中学。

其中，与农、林业有关的专科学校主要有：（1）农业学校：培养农业企业的领导人员；（2）农耕学校：部分地培养农业企业领导人员，部分地培养从事其他农业职业的专门人员；（3）耕作学校；（4）农耕技术员学校：专门培养农业和农业管理方面的人才，由于社会上迫切需要这方面的人才，所以这种学校很受欢迎；（5）农村女子学校：主要训练农村女青年将来持家的本领；（6）葡萄种植专科学校：这种学校有两类，一类是全年教学的，另一类是在一个冬季学期或两个冬季学期教学的。前者与葡萄种植企业结合，便于理论联系实际，主要培养葡萄种植人员或酒店服务员，并通过国家考试授予职称。后者培养葡萄种植企业的领导人员；（7）园艺学校（包括果树和蔬菜种植）：主要训练园艺师傅和园艺企业领导人，其学制长短也分为两类，与葡萄种植专科学校相同；（8）林业和木材经营：林业学校设短期和长期两种培训班，前者培养森林管理员，后者培养森林监视员。技术员学校进行木材经营的训练，为木材加工企业培养技术员。

此外，在这类专科学校中还设其他许多培训班，如奶类、乳酪经营、畜禽的饲养、渔业、养蜂业等。

除季节性的短训班外，专科学校分全日制和半工半读两种，全日制教学时间为半年至 3 年，半工半读制教学相应延长，一般 3—4 年，这类农业专科学校通常由各州粮食、农、林等机构设立和维持，受州农业部或教育部监督。

那些难以忘却的和令我深思的

2007 年 7 月 27 日上午，我和工作组一行来到霍恩海姆大学参观考察，这正是我首次来德国学习进修的地方。在灿烂的阳光下，当年的老校长莱施教授西装革履地站在校门口迎接我回"母校"，现任校长则在中午用"最豪华"的方式在学校餐厅请我们共进大餐，并邀请学校的重要人士和我们一起座谈。对我们此行活动的重视和宴请规格之高是我 20 年前在霍恩海姆大学财务处工作期间的老同事施瓦尔茨先生悄悄告诉我的。"这是我这些年来在霍恩海姆大学享受到的最高荣耀,谢谢你!"老同事在共进午餐后激动地对我说。实际上,我更应该感谢他们,感谢他们 20 年前给我在学习工作方面提供的友好帮助。1988—1989 年在德国期间,受他们之邀,我在工作之余和德方不同层次的工作人员有了较多的交往与接触,这也使我能比较多地了解到一些有关德国的社会情况,至今记忆犹新。

（一）无处不在的"法律"

我在德国考察工作期间,感受到德国的法律健全,各种规章制度也都健全而且十分严格,各种公共机构遵守和执行制度也十分认真,巴登—符腾堡州教育部和霍恩海姆大学行政管理部门的工作人员,在自己的工作领域都有应该遵循并严格执行的法律条文。在工作人员办公室的书桌、书架上和公文柜里都摆放着一本本的法律汇编书籍。工作人员可以熟练应用、讲述和解释所属工作范围内的法律条文。由于此类汇编书籍太多,工作人员就把常用的放在案头随时备查。很多政府官员、工作人员都是法律专业毕业的,在工作中依法办事已经成为一种行为习惯。这些法律,使处理人际关系有了依据,也划清了各部门之间的职责,突出地体现了依法办事,避免了互相推诿、扯皮的恶习,提高了工作效率和工作人员的责任心。

但是,法律条文过多与烦琐有时也造成办事机械,缺乏必要的灵活性而影响了工作效率,甚至耽误工作。德国的工作人员有时也讲,在某些情况下本可以口头商量、一下就能在部门之间解决的问题,也非得翻法律书找依据,反而麻烦。这已经在德国人思想上成为一种心理定式。就是在邻居街坊之间因为生活小事产生的矛盾,也不愿两家协商解决,而是去法院、找律师,花费一个星期或更长时间去解决一些本来协商一下就可以解决的矛盾。有一位德国朋友告诉我:"德国制定法律似乎不是为了人,而是为了制定法律而制定法律,法律多得让人无所适从;而人却好像是为了法律而活着。"这些话也形象地说明了任何事物都有它的两面性。

（二）无处不在的"绿色"

德国的国土绿化也给我留下了深刻的印象。当我乘机首次到达德国上空时，从飞机上鸟瞰，地面上呈现出绿色和红色交相辉映的美丽风光。绿色是森林和草地，红色则是屋顶。难以想象，德国能有那么多的森林。当我乘车在漫长的高速公路上行驶时，两旁的丘陵、原野上几乎看不到裸露的岩石和土地。偶尔看到一片刚翻耕过的农田，农民们又忙着种植。总之，绿色覆盖了这里的大地。

我问过德国朋友，这些树木是不是"二战"后人工栽种的？因为欧洲的气候比较好，夏季雨水很多，这里沿山垦殖了很多葡萄园，就是靠雨水灌溉，而不用浇灌设备。很可能这些繁茂的树木就是风调雨顺条件下生长的自然林。德国朋友告诉我，战争时没有把森林全部毁灭，但战后时期一度混乱，城镇重建，需要大量木材，森林被毁坏得相当严重。现在的大部分森林，是战后人们一棵一棵栽种起来的。

20 年前的一个周末，霍恩海姆大学财务处的施瓦尔茨先生邀请我去南德黑森林游览。我们驾车在高速公路和联邦公路上连续几个小时疾驶，也没有驶出黑森林。为什么称为黑森林呢？这是因为远看森林，一片墨绿，近似黑色；进入森林后，树木茂密参天，几乎不见阳光，更似黑色。当我们驶向半山腰时，雾气团团，到达山顶时，似乎云彩就在汽车边飘移。有时我们可以看到从森林缝隙中射进的一缕阳光，有时又是细雨飘洒。偶尔又可看到古堡、亭台和一些人工雕塑，以及供游人使用的体育中心、疗养院、饭店和旅馆等建筑物。

像维护生命一样保护森林，在德国早已成法律。就在威廉一世统一德国之前，普鲁士王国就有严禁滥伐林木的禁令，对私自砍伐树木的人，要处以重刑。今天，人们更懂得绿色和人类生活密不可分，保护绿色已成为一种自觉行为。

德国的国土是绿色的。德国的农村是一望无际的绿色，城市的建筑，也是被茂密而青翠的绿色簇拥着。汽车在平坦而整洁的道路上行驶，公路两旁大多是四季常青的树林，层层叠叠，蓬蓬勃勃，看不到头。德国幅员并不辽阔，在不足 36 万平方公里土地上生活着的 8000 多万人慷慨地把 1/3 的国土"让"给了森林。德国工业高度发达，但仍保持着同大自然的和谐共生。按人口密度，每平方公里约 250 人，是够高的了。但在实际生活中，却感觉不到人口密度如此之大，这是由于国土的有效利用，人口居住分布均匀，在绿色林网中坐落着许许多多乡镇，只有当汽车开进林间的公路，才会发现在绿色怀抱中的那些小城镇。

（三）越是民族的越是世界的

我在和德国工作人员接触中感觉到，很多德国人对中国很有兴趣。中国悠久的历史、灿烂的文化、众多的名胜古迹，再加上可以称为艺术的中国烹调技术，对他们有着很大的吸引力，很多德国人表示要来中国观光旅游。当然也有部分德国人对中国不了解，甚至存在一些令人不愉快的看法，归结起来，原因就是我们的国家还是个发展中国家，还不太富裕，在某些方面我们还落后于别人。20 年前在国外的一段生活，使我有一个深刻的体会，每一个中国人在国外的地位、形象和祖国的强盛息息相关。要想让别人尊重你，就必须先尊重自己。作为一个中国人，不管你想法如何，思想观念倾向如何，也不管你自我感觉如何，但有一条，中国人的黄皮肤、黑头发、黑眼睛的特征是永远变不了的。抱怨、辱骂或嫌弃都帮不了祖国的忙，反而让别人觉得你不可理解。只有投身于祖国的建设，使我们的国家繁荣富强了，不用我们自己去表白，别人自然也会更加尊重我们。在发达国家我们多学习一些先进的科学技术和管理经验，回国为祖国的兴旺发达贡献力量，这才是出国学习人员的义务和责任。国外并不是我们的久留之地，更不是当家作主人的地方。我想，这是每个头脑清醒的出国进修、留学人员的心声。

　　20 年前在德国学习进修期间，为了能较快地掌握德语，我几乎每天晚上都要看 1—2 小时的电视节目。周末，当我和中国留学人员在体育馆一起锻炼身体或是在宿舍里聚餐聊天时，常常谈到有关电视的内容。我们普遍有一个感觉，德国的电视节目不太活跃，多是两人之间的长时间的对话、讨论，文艺节目经常也是一个演员手抱吉他，嘴对话筒声嘶力竭地演唱，节目内容比较单一，形式变化不大，使人感到单调乏味，包括圣诞节晚会内容也不是那么丰富多彩。1989 年春节，我和其他中国留学生们在联邦德国看了我国中央电视台举办的春节联欢会的电视录像片，经过比较，我认为我国文艺联欢会的艺术水平是高的，能给观众以丰富的多层次的美的享受。德意志历史上出现过亨德尔、巴赫、贝多芬等艺术大师，他们的作品至今仍在世界乐坛上占有极为重要的位置，这里也有个保持和发扬的问题。

　　在德国生活的那段时间，我还有一种感觉：在文化艺术上，越具有民族性，就越具有世界性。人们喜爱欣赏的艺术是具有本民族鲜明特色的艺术。1988 年 8 月我在歌德学院学习期间观看了一场尼日利亚舞蹈团的演出，黑人舞蹈演员们的表演，淋漓尽致地表现了非洲人民庆祝节日和劳动丰收后的欢乐情景，那种快乐的气氛以及强悍有力的节奏，受到了观众热烈欢迎。1989 年 4 月我在柏林听了一次柏林交响乐团演出的音乐会。这次音乐会是由世界著名音乐指挥家小泽征尔指挥，我国青年二胡演奏家姜建华和柏林交响乐团合作演奏了二胡协奏曲及其他音乐作品。德国观众听完二胡协奏曲后，报以热烈鼓掌达 5 分钟之久。一位德国学生告诉我，前不久在这里举行过一场中国艺术家的琵琶独奏音乐会，当音乐会结束时，全场观众起立长时间地鼓掌。中国民族乐器的构造、音色、音域和艺术家们高超的演奏，使德国观众耳目一新，他们认为这是精湛的民族文化艺术。

　　1989 年春节，德国斯图加特市的中国留学生联谊会举办了盛大的春节联欢会，邀请了当地的州政府官员、大学校长和很多教授来参加。由于春节是我国重要的传统节日，很多中国的女同胞都穿上了民族服装——旗袍，显得美丽、端庄而大方。旗袍引起了在场德国女士们的极大兴趣，当时就有几位表示想做一件旗袍，或者去中国访问、旅游时，买一件真正的中国旗袍。

我认为不能把自己民族的东西强调到不切实际的高度，那样必然趋于封闭、保守；但也不能采取历史虚无主义的态度对待自己祖国的历史和民族传统文化。有极少数人说要废除中国的文化，我认为这种论点是极不科学，也是很不负责任的。我参观过德国的国家博物馆，在博物馆里存放着世界各国，尤其是世界四大文明古国的文化珍品。当人们走进博物馆大厅时，可以看到在大厅的左侧悬挂着许多立体声耳机，供参观的人们选听世界文明古国的音乐。我听了印度、希腊、埃及的民族音乐，还听了我国悠扬动听的古琴音乐。这个博物馆通过各种文字、图片和影视片等，向德国的人民群众和来自世界各地的参观者宣传这些历史悠久的灿烂文化。世界人民都在学习和研究中国等文明古国的民族文化，我们自己为什么要放弃它呢？

向世界人民宣传我们的文化，让他们了解和认识中国，加强中国人民和世界人民之间的沟通、了解和友谊，是极为重要的。保持和弘扬中国优秀的文化应该是中国人民的义务和责任。一味地模仿他人，甚至废弃自己，这绝不是正确之路。为了使中华民族屹立于世界民族之林，为了实现社会主义的现代化，就要从我国的国情出发，除了认真学习其他发达国家先进的科学技术和管理经验外，还要不断发扬中华民族自己的优良传统，并不断创新，这才是实事求是的科学态度。

2009 年 10 月

编者按： 为了庆祝脱贫攻坚战取得全面胜利，全国政协文化文史和学习委员会组织征编、出版了《脱贫攻坚工作纪事》一书。该书如实记录了在中国共产党领导下，政协委员、各民主党派和工商联成员积极投身脱贫攻坚事业的探索实践，展现了各级政协组织和广大政协委员通过视察考察调研、协商会议、智力支边、定点帮扶、民主监督、议政建言等多种形式参与脱贫攻坚工作，为打赢脱贫攻坚战作出的贡献。本辑从中选出五篇文章，以飨读者。

凝心聚力尽职责　脱贫攻坚作贡献

何丕洁 *

我因工作关系，有 30 多年和扶贫开发相关，"亲历、亲见、亲闻"的事情太多了。很多事情、场景时常浮现在眼前，深深感动、教育、激励着我，终生难忘。我直接参与最多的是在贵州省毕节地区和黔西南州两个扶贫试验区的工作，也关注和支持民革省级组织在云南、广西、甘肃、宁夏建立的扶贫示范点。现简要回顾三件在贵州省毕节地区亲历的往事，希望

---

* 何丕洁，第十届全国政协委员，第十一、十二届全国政协常委，第十一、十二届民革中央副主席。

能用这三个水滴，照见统一战线、人民政协、民主党派在中共中央领导、各级政府主导、全民参加战胜贫困奔向小康的历史洪流中的地位、作用和意义。

主动参与，智力支边作奉献

1982 年，我调入民革天津市委会机关。那时，全国都在进一步深入贯彻落实中共十一届三中全会精神，拨乱反正，把工作重心转移到集中精力搞社会主义现代化建设上来。统一战线、人民政协、民主党派的工作进入新的历史时期。特别是邓小平同志提出"知识分子是工人阶级的一部分"的科学论断，极大地激发起民主党派成员的报国热情，很多已经退休的民革老党员，纷纷主动要求能有机会利用自己的专业知识和技能为社会主义现代化建设出力。民革天津市委会支持他们自发地根据国家需要，创造性地开展形式多样的社会服务工作。其中就有响应中共中央统战部的号召，到"老少边穷"地区开展咨询服务。20 世纪 80 年代，正当中西部年轻人才纷纷到东部发达地区寻求发展时，民主党派老知识分子，主要是教师、医生、工程师等专业技术人员却奔赴山高路远、条件艰苦的贵州等贫困地区开展技术咨询服务，促进当地加快发展。人们形象地比喻为"孔雀东南飞，老马向西行"。

1986 年，时任贵州省政协副主席、农工党贵州省主委的张超伦看到家乡贵州省毕节地区威宁县仅有的企业毛制品厂生产的毛线质量差而积压滞销，亏损严重。他向农工党中央提出请求，希望能派专业技术人员去指导，帮助解决问题。农工党中央把这件事交给农工党天津市委会。农工党天津市委会领导知道民革党员中有一些纺织方面的专家、工程师、技术人员，就找到民革商量如何完成此任务。民革天津市委会决定派我和民革党员邵继宗、联系人士陆树功（天津仁立毛纺厂总工程师）和李树魁（仁立毛纺厂染整车间主任）去该厂。当年 10 月底，我们自筹路费赶到威宁。威宁地处云贵高原乌蒙山区，气候寒冷，山高谷深，土地零碎，环境恶劣。傍晚到威宁县城时，天上就飘下雪花。该县以农业畜牧业为主，经济非常落后，老百姓生活极为困苦。威宁毛制品厂 1984 年产量仅为 1.6 吨，产品积压亏损总额达 44.21 万元，不能为县财政提供支持，反倒是县里的亏损大户。

威宁县委、县政府对我们的到来非常重视，要求所有相关部门和单位，调动一切资源全力配合我们的工作。看着县里各方面的殷切期望，面对破旧的厂房、落后的设备和低技能的职工，我们深感压力和责任。出于慎重的考虑，开始的两天，我们分头考察了解生产的各个环节，如染料的配方、工艺过程、设备状况、工人的操作手法等，回来认真分析问题。根据工厂的设备状况和工人的操作能力，我们提出四项重要改进措施并由我们先按照改进方案亲自操作，试染一缸工人们反映最不好染的浅咖啡色的毛线。县领导都来现场，等着观看效果。打开染缸取出毛线的那一刻，厂领导和工人们都明白了科学配方和严格操作管理的重要。新染的毛线色彩鲜艳、均匀，不掉颜色，充分证明改进措施和新操作流程成功有效。接着李主任指导，由工人们按照新方案再染一缸也取得成功。我们和县里同志都很高兴。随后，为厂里培训技术人员 6 名，提供染整技术资料 6 份共 10 万余字。我们圆满完成任务才离开。贵州省智力支边办公室编写的《智力支边成效实例选》有这样几句话："经过 7 天奋战，突破难关，使纯毛毛线染色获得成功……毛线产品远销云南昭通、四川泸州、湖南长沙等地。1986 年产值 120.18 万元，为计划的 3.2 倍，实现利润 15.29 万元，为年计划的 20 多倍，上缴税金 8.96 万元。"

知道民革天津市委会有人能解决毛染整技术问题，1988 年 6 月，贵州省毕节地区毛纺厂向我们提出了"提花毛毯和粗纺呢绒后整理、纯毛和腈纶毛染色"等问题。民革天津市委会再次派出由我和陆树功等 5 人组成的智力支边小组到毕节毛纺厂。我们还是白天深入车间、科室了解情况，晚上回到宿舍分析、研究、做试验，慎重提出意见和改进措施。随之问题也全部得到解决。

特别值得一提的是，我们正在厂里工作时，时任民革中央四化服务工作委员会副主任的沈学斌先生到毕节开会，特意到厂里来看望我们。他说，毕节要建"开发扶贫、生态建设"试验区，八个民主党派中央、全国工商联在中央统战部、国家民委的支持协调下，共同来参与建设。沈老特别跟我说："丕洁，以后民革天津市委会在毕节的支边扶贫工作，就是民革中央在试验区的工作。从明年开始每年给你们一些（3000元）工作经费。"沈老的话鼓舞人心，也解决了我们的一个大问题。因为以前每次组织专家出来，路费是最大的难题。那时，办公经费很紧张，没有这项预算，要做到既不给贫困地区添负担，又不能让专家们自己掏腰包，只能一次一个办法地筹措。有经费就能更好开展工作了。

1991年8月，我们再次到毕节毛纺厂进行咨询服务，在厂里工作了一个月，国庆节前夕才离开。厂里、毕节地区轻工业局和地区行署都很满意。地区行署、政协在欢送我们时赠送了一面锦旗"智力支边情深意笃"。在此之前，1990年4月，贵州省人民政府召开"第二次智力支边先进集体、先进个人表彰大会"，特邀我参加大会并授予"贵州省智力支边特邀个人"荣誉。

履职尽责，扶贫攻坚出实力

1988年6月，国务院批准建立贵州省毕节"扶贫开发、生态建设开发区"，随后建立贵州省黔西南州"星火计划、科技扶贫"试验区，为民主党派成员参与扶贫开发提供了广阔的舞台。1989年12月，中共中央颁布《关于坚持和完善中国共产党领导的多党合作和政治协商制度的意见》，首次明确定位各民主党派是致力于社会主义事业的参政党。各民主党派作为参政党，坚持和完善中国共产党领导的多党合作和政治协商制度，围绕经济建设这个中心，服务于改革发展稳定大局，发挥自身优势，积极参加扶贫等社会服务工作，进入更加自觉履行职责的新阶段。各民主党派、工商联在党中央、国务院统一部署下，作为重要的社会力量积极参加扶贫开发，特别是 20 多年如一日地参加贵州省两个扶贫试验区的建设，取得显著成效。习近平总书记给予高度评价，称其"创造了中国共产党领导的多党合作助推贫困地区发展的成功经验"。

民革中央按照国务院的统一安排，把毕节地区条件最艰苦的纳雍县确定为定点扶贫联系县。主席、副主席都曾多次带队深入纳雍调查研究，根据"因地制宜、扬长避短、抓住重点、注重实效、量力而行、持之以恒"的扶贫方针，为纳雍提出了"加强基础设施建设，抓好公路、电力、通讯，启动农、工、商；利用资源优势，以开发煤炭为龙头，带动其他产业发展；加强智力开发，抓好教育工作，提高劳动者素质"的发展思路。民革中央一方面向国家有关部门反映情况、建言献策，协调落实项目资金，改善基础设施；另一方面动员全党各级组织、全体党员和海内外联系人士，为该县制订产业规划、调整产业结构、培育支柱产业，募集资金修建"希望学校"和扶危济困。时任民革中央主席何鲁丽坚定动情地说："纳雍不脱贫，民革不脱钩，纳雍脱了贫，联系不断线。"初期，经过几年的努力，纳雍县的基础设施和基础性工作都得到很大的改善和提高。民革中央帮助促成交通、能源、农牧、医药、卫生、文化、教育、矿产等 20 多个项目的开发和建设。2000 年底，西部大开发、西电东送的重大项目——总投资达 100 亿元的纳雍火电一厂和二厂先后在该县批准开工，纳雍的煤炭资源优势得到发挥，"煤电托起了纳雍"。农民人均纯收入由 1988 年的 181 元增加到 1262 元，人均粮食由 154 公斤增加到 350 公斤，全县整体越过温饱线。但是，发展不平衡，仍有很多农民、很多村寨极为贫困。

2001 年底，我们按照国务院制定的《中国农村扶贫开发纲要（2001—2010）》"整村推进"的要求，和纳雍县领导共同商定，选择了苗族、彝族人口占 87%，年人均收入仅有 562 元的贫困山村核桃寨村重点帮扶，计划通过 3 到 5 年的努力，先解决该村百姓温饱问题，进而探索建设文明富裕的社会主义小山村的路径和方法。2002 年 3 月，我们和民革党员中的农业规划方面的专家翻山越岭，到该村分散的 7 个村民组实地了解情况。决定在制定规划的同时，筛选出几个农民生产生活最急需解决的问题，立即想办法解决，为农民办好事、实事。我们引进"参与式扶贫"的新理念，即：尊重所在村寨农民的主体地位和作用，赋予他们在脱贫工作中的选择权、决策权、实施权、管理权和监督权，通过他们对改变贫困落后面貌的思考和实施，提高自身的素质和能力，达到最终脱贫的目的。根据我们的提议，纳雍县成立了核桃寨村规划工作组，通过到省农科院试验区的参观和培训，使规划工作组基本掌握了参与式扶贫开发的理论框架和工作方法。县里抽调 27 名干部和我们的专家分成 8 个调研小组，进村入户深入调查。10 天里召开村民座谈会 60 多次，采集意见信息1000 多条，提出扶贫项目 18 个。8 月的一天，468 位村民代表（每户出一人），手里紧攥着发给他们的玉米粒，面对着画着牛头（养牛）、水滴（修水窖）等 18 个项目的图画，做出自己的选择。在想要做的项目图画下的大碗里，放上一颗玉米粒。用这种最原始的方式，把建水窖、养牛、建学校、修路、建沼气池等 10 个项目写进核桃寨村第一期发展规划。制定和完善参与式扶贫规划的过程，是把政府的政策、目标、要求，通过专家们提出理念和思路，介绍先进的品种和种植、养殖方法，结合本地农民长期生产的经验，交给农民做出选择。不仅理清了发展思路，明确了工作方向，而且充分调动了村民的积极性和主动性，后续所有推动的扶贫项目都得到了较好落实。

例如，2002 年民革中央捐资 1.5 万元计划修建 10 口示范水窖。结果，有几户村民不要补助,自己跟着学跟着做,多修建了 3 口,实际完成 13 口,当年蓄水成功。纳雍县水利局看到示范效果,大规模实施农村水窖工程,出资支持村民修建水窖 420 口,接通一个村民组的自来水。从而结束了村民春季长达三个月要到几公里外山下背水维生的历史,解放出大量的劳动力。又如,我们帮助争取到资金修通进村的 4 公里道路。由于村民的积极性空前高涨,不但提前完成工程,还多修出 0.5 公里。进而又在另一方向修出一条出村公路,并很快实现了组组通道路。再如,我们筹集 2 万多元启动资金,请电力部门完成了全村电网改造,农民用电费用大幅降低。电网改造后节省下的费用,原计划用于偿还那 2 万多元启动资金,则留给村里设立了发展基金。在民革中央和纳雍县扶贫办的帮助下,该村发展基金很快达到 20 多万元。村委会设立基金管理小组审查项目、监督检查,确保基金有偿滚动使用,解决农民发展生产需要资金问题,有力地支持农民改变原有的谋生方式,大胆进行产业结构调整,大力推广良种良法,提高科技含量,促进增产增收。村民从传统单一的种植业逐渐向复合的、科技的种养植业发展。这几个项目的成功实施,让村民实实在在得到了实惠,让他们树立起勤劳能改变贫困的信心,激发了致富的积极性。群众反映,现在村里酗酒滋事的人少了,互相商量发展生产的多了;好吃懒做晒太阳的少了,埋头干活的多了;村干部自己说了就算的少了,村民讨论上墙公示的多了;村民上访的少了,关心子女上学的多了;固守旧习的少了,主动参加农技培训的多了;村民间民族隔阂少了,村民组之间交流合作的多了;建家立业的责任心强了,集体的事关心和参与的人多了。

2002 年以前,核桃寨村党支部、村委会没有固定的办公地方,只能在某人家中或路边商量事情。民革中央出资 2.5 万元启动,县委组织部、宣传部和县政府卫生局、计生委等拨付资金,为村里修建了一座 200 平方米,集办公室、卫生计生室、村民活动室于一体的两层综合楼,郑重挂上了村党支部和村委会两块牌子。活动室内配备了电视机、VCD、桌椅、图书和远程教育接收系统，成为村民科技培训和文化扫盲的重要场所。

村民们反映，山下面的博爱希望小学离山上的几个村民组太远，小孩走那么远的路去上学不放心，不少适龄儿童辍学。我们又募集资金3.4万元，在村综合楼的对面修建80平方米的教学点，由博爱希望小学管理，派低年级教师来教学，等学生大些再到学校本部接着学习。

民革中央先后动员和组织东部发达地区12个省、市民革组织参加对贵州、对毕节和黔西南两个试验区、对纳雍、对核桃寨的帮扶：出资金建学校、卫生院；派专家技术人员培训、指导茶叶和蔬菜种植；接受从这些地方来的农民在企业工作……

经过10年的努力，到2011年，核桃寨村已有2个蛋鸡养殖场、1个养牛场、2个养羊场、2个养猪场、2个养鸽场，整合规划了经果林320亩、蔬菜200亩……村容村貌明显变化，村民生活水平显著提高。全村人均收入达到3000多元，是2001年的5倍多；全村适龄儿童入学率达到98%以上，初中生毕业率达到95%以上，农村新型合作医疗参合率达到95%以上，实现了组组通广播、电视、电话……一栋栋青瓦白墙的生态家园掩映在绿树丛中，蔬菜基地里各类蔬菜竞相媲美，经果林示范基地里春开花、夏挂果、秋收获、冬培护，农民喜上眉梢。生态小公园里不时传来老人、孩子喜悦的笑声。一个"摘新鲜水果、品有机蔬菜、跳彝族舞蹈、听苗寨欢歌"的核桃寨村已经脱离贫困，成为纳雍县村寨发展的亮点，朝社会主义新农村建设目标迈出了坚实重要的一大步。

中共十八大吹响了决战贫困、打赢脱贫攻坚战的号角。在政府各项政策措施的支持下，核桃寨脱贫奔小康的步伐更加坚实。据统计，2019年核桃寨社区在养殖产业方面，有10万羽蛋鸡养殖场一个，大户养殖500头养猪场一个，10万元养牛场一个；在种植产业方面，有合作社领种1000亩马铃薯基地一个，600亩辣椒种植基地一个，300亩蔬菜基地一个，500亩油桐树套种中药材基地一个，1000余亩李子、玛瑙红樱桃树为主的经果林基地；另有 876 人外出务工，人均纯收入为 10890 元。社区实现医疗保障全覆盖，无不安全住房。2019 年，全社区考取二本以上的学生 25 人。村民们还筹建了 4 个民族音乐艺术队，闲暇时间开展文化娱乐活动。社区安装了排污管道，设立有垃圾斗由垃圾车拖运，有公益岗位人员负责主道清扫，村民采用自治方式管理环境卫生。

2005 年，国务院召开"全国第四次民族团结进步表彰大会"，民革中央社会服务部被评为"民族团结进步先进集体"。我当时任该部部长，作为模范集体代表参加大会接受奖牌。

深入调研，议政建言表真情

民主党派作为社会力量参与扶贫攻坚，是"围绕中心、服务大局"的具体体现，也是更好地履行职能的重要实践活动。在完成扶贫攻坚任务的同时，我们随时就工作中发现的问题，向党委、政府提出意见和建议，履行"民主监督、参政议政"的职能。

1999 年开始的退耕还林（还草）工程，经过三年的试点、两年的大面积推广及 2004 年开始的结构性调整、巩固成果等阶段，到 2008 年底，全国实施退耕还林任务 4.03 亿亩，中央财政累计投入资金 4300 多亿元。退耕还林工程的实施，有力地促进了以"开发扶贫、生态建设、人口控制"为主题的毕节试验区建设。从 2000 年到 2008 年，毕节地区累计完成退耕还林工程造林 294 万亩，使地区森林覆盖率从 28.42% 上升到 35.92%，有效地遏制住水土流失，生态环境明显改善；有力地促进农业增产农民增收。在退耕减少 108 万亩坡耕地的情况下，仍增产粮食 41 万吨，增长 18.6%，较好地解决了喀斯特溶岩山区林粮争地难题，走出了一条依靠退耕还林实现生态建设与农民增收双赢之路。

2007 年 8 月，中共中央出于对我国粮食安全的考虑，要求坚决守住

18 亿亩耕地的红线。同时为了部分退耕农户的吃饭、烧柴、增收等长远发展问题，由国务院制定了《关于完善退耕还林政策的通知》（以下简称《通知》）。《通知》要求将现阶段退耕还林工作的重点转移到巩固成果上来。暂不安排新的退耕还林任务，但仍将继续安排工程荒山造林和封山育林计划，安排专项资金用于巩固退耕还林成果。2008 年底，中共毕节区委和毕节地区行署联合致函民革中央，列出该地区仍有编入规划的 360 万亩退耕还林尚未完成，恳请民革中央帮助争取在毕节地区继续实施退耕还林工程。

收到来函，我们进行了认真的分析研究，认为，第一，落实国务院通知要求是国家的政治大局，必须服从。地方的规划、计划、安排如果受到影响，要无条件服从大局和整体的安排。第二，对落实通知要求，因不同地域不同情况而产生的问题和意见建议，作为参政党也有责任及时向有关部门提出。这些意见和建议，应该也是带有全局性的，不能是只为某一地区、某一部门代言。因为在扶贫工作中，我们看到西部地区（不只是贵州，更不仅是毕节地区和黔西南州），实施退耕还林（还草）工程，确实是极大地改变了生态环境，山绿水清了，连气候都发生了变化。老百姓都称退耕还林是"德政工程"。我们也看到，西部地区（尤其是山区）的农民，由于观念保守、信息闭塞，在实施退耕还林的最初几年，多持观望态度，不敢相信不种粮食能有饭吃有钱花。等到看明白不再怀疑，大规模推进退耕还林的阶段已经过去。而这些农民所耕种的土地，大部分是应该退耕的 25 度以上的坡地。为此，我向时任民革中央主席的周铁农作了汇报。铁农主席明确表示，退耕还林工程是一项得人心、顺民意的德政工程。通过实施退耕还林工程，取得了林业生态效益较为显著，农民脱贫致富步伐明显加快，农村产业结构调整不断优化，全民生态意识明显增强等成绩。应该进一步巩固和提高退耕还林所取得的生态成果、经济成果和社会成果。当即同意民革中央有必要就 2008 年以后的退耕还林问题进一步深入调研，提出建议。调研的地点就选在我们熟悉的毕节试验区。

2009 年 3 月，由周铁农主席带队，我们邀请了国家林业局党组副书记、副局长李育才和国家发改委、国土资源部、农业部、财政部、环保部、国家林业局等相关部门的同志参加调研，并在贵州召开座谈会，听取大家对落实国务院《通知》的意见。各个部门的同志、专家都踊跃发表意见，作出说明和解读。主要意见就是，农业部和国土资源部的同志强调守住 18 亿亩粮田耕地，确保粮食安全；发改委和财政部的同志强调再拿出更多的资金补贴再新安排的退耕还林任务有一定的困难；环保部和林业局的同志则坚持认为这项德政工程刚刚取得明显的多方面效益，应该继续再搞一段时间。在某些问题上，还有热烈的争论。座谈结束前我总结说，我们会进一步认真研究各位的发言意见，然后站在参政党的位置、以超脱部门和地区的角度，形成我们的书面意见建议，供党中央、国务院决策参考。

回京之后，我们以民革中央的名义向国务院提交了两份建议，分别是《关于继续实施陡坡耕地和严重沙化耕地退耕还林的建议》和《关于尽快在我国西南喀斯特岩溶山区继续实施退耕还林（草）试点工作的建议》。两份建议首先充分肯定了实施退耕还林工程以来所取得的生态、经济、环境、社会效益，也明确提出在生态脆弱地区和荒漠化严重地区继续实施退耕还林工程的紧迫性、重要性，并就总结已有的经验，进一步探索完善工作机制、补贴政策、应用技术等提出具体建议。我本人通过政协提交《关于尽快出台退耕还林工程建设规划》的提案。中共中央和国务院的领导同志对民革中央的建议非常重视，分别批示到各有关部门研究并支持。有关部门对我的提案给予认真积极的回应。仅据毕节提供的数据，2009 年得到退耕还林经果林专项资金就达 1.1 亿元。2014 年以来，退耕还林 260 多万亩。

2016 年，为贯彻落实《中共中央国务院关于打赢脱贫攻坚战的决定》，中共中央统战部、国务院扶贫开发领导小组办公室制定《关于支持各民主党派中央开展脱贫攻坚民主监督工作的实施方案》。商定各民主党派在脱贫攻坚重点省、区一一对应开展脱贫攻坚民主监督工作。民革中央对应的是贵州省。由此，参政党"围绕中心、服务大局"履职尽责又扩展了新的领域，增添了新的任务和责任。

2008 年 3 月 10 日，全国政协十一届一次会议召开期间，何丕洁、厉以宁、李卓彬、王孝询四位全国政协委员就"民主党派帮助毕节地区脱贫致富"主题接受记者集体采访。图为本文作者在回答记者提问

我 50 年的工作经历中，有 30 多年与扶贫工作相关，从最初"热情奉献""拾遗补缺"支边扶贫，到作为重要的社会力量承担定点扶贫工作任务，再到作为参政党为打赢脱贫攻坚战而履行民主监督职责感到荣幸和自豪；为 30 多年历届党委、政府为消除贫困，采取了一系列方针、政策，作出一系列重大战略部署，带领全国人民艰苦奋斗取得举世瞩目的消除贫困成果而兴奋和荣耀。

2020 年打赢脱贫攻坚战，实现全面小康，让我们对中华人民共和国成立 100 周年时，建成富强民主文明和谐美丽的社会主义现代化强国充满信心和期待！

白托村远程调研追记

范小建 [*]

2020 年是西藏昌都战役胜利 70 周年，也是昌都解放 70 周年。70 年来，在中国共产党的领导下，为了使西藏能够从封建农奴制的枷锁中解放出来，建立社会主义制度并迅速进入长治久安与快速发展的轨道，我们进行了史无前例又艰苦卓绝的探索。经过和平解放、民主改革、社会主义建设和改革开放，西藏实现了从黑暗走向光明，从落后走向进步，从贫穷走向富裕，从专制走向民主，从封闭走向开放的伟大历史性转变，实现了一步跨千年的社会进步。

10 多年前，我结合自己 20 世纪 70 年代在昌都地区洛隆县下乡工作的实际，写过一篇《怒江深处的回忆》(以下简称《回忆》)，作为对那个时代的真实记录。文章从怒江上游大山深处一个小山村的角度，描写了藏东山区农村改革开放前的情况。如今，改革开放已经 40 多年，到底又发生了多大变化，是我一直非常关心的。21 世纪以来，我几乎每年都去西藏，每次去都要到西藏农牧区进行调研，仅昌都地区就去过五次，还组织编写过几本关于西藏农牧业发展的书籍，但由于时间较短，比较表面，存在不少缺憾。我一直希望能够再次对白托村做些深入调研和了解，与我当

---

　* 范小建，第十一、十二届全国政协委员，曾任国务院扶贫开发领导小组副组长、办公室主任、党组书记。

年的《回忆》一文做些比较，来弥补这种不足。

　　本想借昌都解放 70 周年纪念机会再回昌都看看，但疫情突袭又增了许多变数。经昌都市扶贫办张斌副主任介绍，4 月上旬我很顺利地与白托村强基础惠民生工作队（即扶贫驻村工作队）队长四朗陈列建立了微信联系。陈列是洛隆县医保局局长，

1977 年冬摄于昌都

也是今年白托村驻村工作队的队长。虽然很忙，但他还是十分爽快地答应我，愿意回答我提出的所有问题。从 4 月 10 日至 23 日，我前后多次通过微信向他提出了 150 多个问题。他都很耐心地向我做了解答或说明，并根据我的要求，发来了几十张照片，帮我了解白托村的真实情况。在这个过程中，现代通信的便利再一次超乎了我的想象，一个巨大变化的白托村渐渐浮现在我的眼前，遥想 40 年前的白托村，真有隔世之感。

信息革命与社会进步

　　白托村有 123 户，805 人。从首都北京到西南边陲横断山脉大山深处的这个小山村到底有多远？从百度地图上看，直线距离 3000 多公里。它地处怒江上游，海拔 4000 多米，坐落在一个靠近山顶的地方。

　　20 世纪 70 年代，我大学毕业进西藏大体是这样一个过程：从吉林省长春市到甘肃柳园乘火车走了三天，从柳园到拉萨坐汽车走了六天，从拉

萨到昌都还是汽车又走了四天。后来，我参加驻村工作队到新荣乡白托村（过去叫新荣区白托乡，以下除引文外均用现名）是从昌都到洛隆坐两天汽车，再从洛隆到白托村骑两天马。那个时候，在昌都要看当天的报纸，至少要等半个月，而在白托村要看当天的报纸等三个月也难。村里没有电话，乡里也没有邮局，上级的文件要靠专人徒步或骑马传递，无论是人还是马，每次要支付 1 元钱的工钱。那时内地寄一封平信的邮资是 8 分钱，北京市内平信的邮资是 4 分钱，而在洛隆从县城送一封信到村里就要 1 元钱，比较我那时每月 42.5 元的工资，已经是很高的酬劳了。那时候，信息最快是收音机。收音机是奢侈品，我下乡时带了一台。虽然收音机里频道不多，节目也不是太多，但因为可以收听到当天的最新消息，所以除了大块文章的学习之外，一般就不需要看报纸了。

而现在，村民家家都有了电视机和智能手机，据说 4G 信号全覆盖，从这几天与陈列联络的情况看，文字、图像传输快捷清晰，虽有瑕疵，但总体感觉不错。除了老人和儿童，学生和青壮年大多会使用微信，北京与白托村可以随时随地实现即时通信，村里的小商店也可以用微信支付。虽然没有"淘宝店"，但居然有个别年轻人已经开始尝试网购。这种变化从社会进步的角度来讲，用"星移斗转、沧海桑田"来形容一点都不过分。实现跨越式发展，一个重要表现就在于信息技术的进步，它的影响既深刻又深远，已成为社会进步一个重要的带动力量。

基础设施加快推进

2014 年，建设了通信基站，使通信领域的变化突飞猛进，但基础设施的建设并非都能来得这么快。要致富先修路，这是多少年的发展经验。但改变传统的交通条件又谈何容易。新荣乡 40 年前的交通条件是，没有公路，连砂石路也没有。我对当时的情况曾作过这样一些描述。"从洛隆县到白托乡，骑马要骑两整天，只有一条牛马踩出的小路与区、县相通；其间要过两次江，一座吊桥，一座木桥，都是危桥，年久失修，不知何时就会将行人、牲畜坠入江中。远远看去，山路就像一条线，时而缠在山腰，时而盘桓而上，险象环生。有时，行到绝路之处，会有一段石头垒起的栈道或两根树干搭成的'桥'助你通行，脚下则是悬崖峭壁、数十丈的深渊。"

今天，白托村终于通了路。县到乡的公路 2013 年修通，乡到村的路 2017 年修通。新荣乡所辖 5 个行政村都通了路。当然，县通乡 48 公里是油路，而乡通村 30 公里还是砂石路。通村路只有两米宽。这就很不容易了！不光是通了路，而且路上的桥也彻底改造了。那座年久失修的木桥已经被一座钢筋混凝土的水泥桥所替代。听说连桥带路，一共花了 3000 万元，平均 1 公里的投资就要 100 万元！现在，老乡们出行已经比较方便，也安全多了。道路改善直接带动了出行方式的改变。目前，白托村老百姓家家都有摩托车，甚至还有 7 台汽车，靠步行和骑马出行的方式已经基本成为过去。

2016 年，白托村接入了藏东电网。因为有了电，现在不光是家家有了电灯、电视机、电冰箱，个别人家做饭也开始用电，而且几乎家家都有了脱粒机和扬场机。想起当年为实现农业机械化，我们把柴油机、脱粒机、扬场机全部拆散，用牦牛驮回村里，再一个零件一个零件拼装起来的历史，真的不敢相信，那就是在 40 年以前。

2010 年村里开始实施安居工程，后来又实施了危房改造项目。目前，村民的住房条件已经发生了根本的变化。虽然住房还是土木结构，格局也没有发生变化，还是一楼圈牲畜和储物，二楼住人，房顶晒粮食，但的确坚固了许多。窗户也比原来大多了，室内的采光条件有了根本改善。楼层之间，原来一根原木砍成的扶梯，现在已经全部改为比较宽的梯子了。过去三块石头架着一口锅的火塘，如今都换成了铁皮炉子。过去室内简陋的陈设已经被今天充实的家什所取代。

公共服务明显改善

没有文化，就难以打破贫困的代际传递。我在《回忆》一文中写道：当时"白托乡文化最高的人是藏文小学四年级，且绝对是'凤毛麟角'，在全村只有四五个人。小学只办到四年级，只教藏文，不教汉文，且很少有人能够读完。我在那里就是向一位有四年级文化的老师公秋才旺学藏话，他是小学校的校长"。而现在，西藏全区实行了 15 年义务教育。白托村小学、初中、高中共有 192 名学生，入学率达到了 100%。村里有了幼儿园，还有一个在内地上学的大学生。

为了整合乡村分散的教育资源，这些年西藏农村的学校建制作了比较大的调整。行政村一般只有幼儿园，不办小学了。白托村幼儿园是 2018 年国家投资 194 万元兴建。园内有 22 个孩子。幼儿园的老师有一个正式工，月工资 7800 元，还有一个是代课的，月工资 2500 元。新荣乡有一所完小，学生实行"三包"，全部寄宿。初中在县里，也是"三包"。孩子到乡里和县里上学，主要是靠父母骑摩托车接送，一两周接送一次。高中设在昌都市，学生上学要从洛隆县乘长途汽车前往。这样的教育体制，不但可以保证孩子们都有学上，有较好的教育质量，而且不存在上不起学的问题。当然，就是路途过于遥远，交通安全和出行成本仍然是比较突出的矛盾。

虽然是在信教群众比较多的地区，但高中毕业之前，政策上不允许去当喇嘛。白托村有一座寺庙，喇嘛 18 人，其中在编 7 人，编外 11 人。据了解，寺庙并无佛事活动，青年人对当喇嘛也不感兴趣。喇嘛没有工资收入，一般就跟家人住在一起。现在宗教局已经明确规定不能有超编现象。

因病致贫是老百姓的一块心病。40 年前的白托村，我在《回忆》中曾有这样一段描述：

乡里没有卫生室，更没有医院。老百姓生了病，只有挺着。实在挺不过去了，就到区里的卫生室去找点药。到区里，骑马要整整走上一天。可以想见看病有多难。妇女都在家里生孩子。婴儿生下来就放在一个筐里，周围放满羊毛。婴儿的食品，除了母亲的奶水，就是糌粑糊糊。由于没有勺，只好由母亲用手指和（huó）好，再抹到婴儿的嘴里。因为工作队里我的文化"最高"，能够基本看懂药品的说明（全是汉文），所以我在乡里时，既是工作队的"队医"，又是乡里的"赤脚医生"，同事和老乡生病都找我。有一次，一个老乡在杀羊时把手搞破了，整个手掌都化了脓。第一次来找我时，手伸出来就有一股恶臭。我不会打针，更没有打点滴的条件，只好给他吃口服的消炎药。由于他们轻易不用药，虽然是口服药，治疗效果也十分明显。可稍好一点，他就不来了。等我再见到他，手掌已经烂透了。左手中指的第三节骨头从皮肤下面扎出来，露着淡黄色的骨头碴儿，上面两节手指只有皮和筋还连着，挂在那里，完全与下面断开了。伤口依然泛起阵阵恶臭。我叫他赶快到县医院去看。等半个月之后，我在去县城的路上遇到他，他左手的中指已经截肢了。

现在的情况则有了很大改变。白托村有了卫生室，有两个村医，一般的头疼脑热村医都能看，打针输液也都可以。一般的常见病，村医可以给开西药和藏药，都是平价药。妇女生小孩，正常情况下村医和乡镇卫生院都能接生，但由于交通条件的改善，现在大多数都愿意到县医院去生。当然，目前乡卫生院还做不了像阑尾炎这样的手术。现在，全县的农牧民都参加了基本医疗保险，参保率为100%。只要参保了都有大病统筹，大病保险年度最高赔付限额为14万元。看病在县域内执行的是"一站式"结算，贫困人员在昌都市域内定点医院执行的是"先诊疗、后付费"，出院时需个人支付不在报销比例之内的资金。参保个人缴费档次可以分为250

元、120 元、60 元三个档次，自愿选择。报销比例按缴费档次不同而有不同。缴费高的，报销比例就高，缴费低的，报销比例就低。鼓励就近就医，以 250 元为例，县域内乡镇、一级、二级医院报销 90%，市域内三级医院报销 85%，市域外乡镇、一级、二级医院报销 80%，三级医院报销 75%。门诊分两种，一种是特殊病有 23 种，报销比例按缴费档次分别报销 90%、70% 和 60%；另外一种是普通门诊，参保人员年度封顶线为 300 元，起付限为 100 元，可以报销实际开支的 60%。这些做法，解决了有地方看病和看得起病的问题。当然，在基本医疗条件逐步改善的同时，人才问题依然突出，这也是要进一步解决的。

40 年前的白托村有个县供销社的零售点，可以卖一点日常生活用品，但后来改革了，没有了。40 年前，每年秋天还会有远方来的"商人"，赶着牛群到这里用红糖、盐巴换些粮食、酥油之类的物品，搞以物易物的交易，现在也没有了。现在的白托村有两个村民自己开的小商店，随着交通条件的改善，小商店的货物也越发齐全了。不光是平锅、水壶、暖水瓶这些传统商品，还有孩子们喜欢的各种零食、玩具，还包括蔬菜、鸡蛋，以及各种服装、鞋帽和卡垫之类。据工作队的同志讲，除了一些大件，像摩托车、电冰箱、汽车和手机等数码产品要到县城去买，其他的东西在村里的小商店基本都能买得到。

生活水平显著提高

由于统计方法和基础数据方面的原因，2019 年白托村老百姓的人均可支配收入一时难以核算清楚。我自己估算，大体上在 6000 元至 7000 元之间。虽然这个数据与全区农牧民的平均水平相比，处于偏低水平，但我认为，老百姓的衣食状况还是比较放心。从农畜产品的人均占有和消费情况看，40 年前的白托村，粮食真是不够吃。一方面自己不够吃，另一方面还要交公粮。因为严重缺粮，国家又要给返销粮。返销粮的配给水平非常低，一个劳动力每三天 1 斤原粮，一天只有 3 两多一点！非劳动力则完全不在返销粮政策考虑范围之内。春荒时节，以野菜充饥更是家常便饭。而现在，按当年粮食产量计算的人均占有水平在 640 斤左右，且每家每户存粮都比较充裕，也从不外卖。农民家里的畜产品也从来不卖，全部自己消费。农牧业生产处于一种完全自给自足的状态。从衣着情况看，过去穷的人家，一家人穿一条裤子，谁出去谁穿。鞋子也是破破烂烂，不是露着脚指头，就是露着脚后跟，鞋帮很少是完整的，跟打赤脚也差不多。全村只有一户人家有被子，其他人家大多是白天穿什么，晚上盖什么。而现在，村民穿衣已经不需要裁缝或自己缝制，全部到村里商店或县城购买。衣服破了他们会自行缝补或购买新衣服，很少有人穿打补丁的衣服。每人至少有两床被。可以说是吃穿不愁了。

生态扶贫成了村民脱贫致富的一个有力抓手。白托村有 47448.71 亩国有林，每年每亩补偿 4.85 元，补偿总额 23.01 万元，人均补偿 285.87 元；有草场 4835 亩，每年每亩补偿 26.98 元（含草畜平衡款），补偿总额 13.05 万元，人均补偿 162.08 元；安排生态公益岗位 352 人，每人每年工资收入 3500 元，全村人均 1530 元，以上三项合计，仅生态扶贫收入全村人均 1977.95 元。再加上其他各种政策性收入，比如粮食直补、低保五保、养老保险和资产收益扶贫，各种政策性转移性收入合计 2415.26 元，仅次于虫草收入的 2849.89 元。

为了发展集体经济，在县乡政府的支持下，采取"飞地经济"的办法，白托村与其他乡村合作，用扶贫资金投资了 4 个集体经济项目，有的在乡政府所在的通纳村，有的在洛隆县城。这些集体项目承包给私人经营，每年村里可分得承包金 8.5 万元，参股其中的 60 个贫困户，每户每年可分红 1375 元。

从脱贫攻坚以来，村里确定了 62 户建档立卡的贫困户，共有 432 人，其中包括 2 户五保户和 24 户低保户，目前都已经脱贫。2019 年洛隆县的农村低保标准是 4713 元。这些年，每年农村低保标准都会比上年有较大幅度的提高。

村两委班子成员也有稳定的收入。白托村"两委"干部共有 6 人，村党支部书记和主任每人每年报酬 28185 元（其中基本报酬 19730 元、业绩考核奖励 8455 元），其他村干部报酬 14109 元（其中基本报酬 9876 元、业绩考核奖励 4233 元）。村务监督委员会成员 3 人，主任每年报酬 14526 元（其中基本报酬 10168 元、业绩考核奖励 4358 元），成员 7272 元（其中基本报酬 5090 元、业绩考核奖励 2182 元）。

2018 年至 2019 年修建了新村委会，共花费 266.73 万元（包括村"两委"活动经费 10 万元和工作队为民办实事经费 20 万元）。新村委会里，办公的地方、住的地方、做饭的地方、值班的地方、开会的地方、活动的地方、便民服务大厅都有。

白托村党支部共有党员 43 人，年龄最大的 76 岁，最小的 23 岁，文化程度最高为中学，没有文盲。支部书记卓伦卡，56 岁，初中毕业，2006 年当选，在群众中有较高威信；第一书记吉鲁，35 岁，大专学历，2020 年由县公安局选派，有热情、想干事。

需要重视和解决的问题

我曾经说过，40 年前的白托村比我在内蒙古下乡插队的那个地方不知落后多少年。当然，内蒙古下乡的那个地方也并不是一个富裕地方。这些年来，我与这两个村都有联系。我强烈地意识到，他们之间发展上的差距在缩小，主要是白托村的变化更大更快。

对白托村来讲，虽然已经取得了巨大进步，但也存在着一些突出的问题和矛盾。从了解的情况看，有五个突出的矛盾：

一是生活方式与生产方式的矛盾。一方面是生活方式现代化进程不断加快，另一方面是生产方式的落后状态变化不大。比如说，在电视机、摩托车、智能手机已经普及的情况下，农业生产还在使用"二牛抬杠"，没有水浇地。粮食亩产还停留在 200 多斤的水平，奶牛的牛奶产量不高，一头奶牛一年的酥油产量大约只有 6 斤，仍处于一个非常低的水平，仍然是自给自足的自然经济。

二是现代文明与历史痕迹的矛盾。一方面是现代文明的影响不断深化，另一方面是历史的痕迹依然很深。比如说，全村 18 岁至 60 岁有 524 人，其中文盲占 1%，半文盲占 25%，小学占 46.03%，初中占 20%，高中占 0.03%，文盲半文盲和小学文化占比超过 70%；在普及 15 年义务教育、所有学龄段青少年都接受现代教育的情况下，不但存在 7 户一妻多夫制家庭，而且年龄最小的女主人才只有 18 岁。

三是基础设施与公共服务存在明显的短板。一方面路、电、通信、住房以及教育、医疗进步很快，另一方面是水的问题没有得到很好解决。比如说，在人畜饮水方面，现在白托自然村只有 3 个取水点，平均三十几户一个取水点，取水距离最远有 800 米，还要用马和摩托车去驮。

四是白托自然村与珠果益自然村的矛盾。白托自然村是行政村所在地。一方面白托自然村变化比较大，另一方面是珠果益自然村变化不大。比如说，白托自然村这边通路、通电、通信等基础设施相继起步，虽与高标准相比还有较大差距，但毕竟有了一定基础，村里还建立了卫生室；然而珠果益自然村那边，距行政村所在地 10 公里，基础设施的差距还非常大，公路不通、电不行，通信也跟不上，医疗卫生条件也没有太大的改善。

五是外部帮扶与自身动力的矛盾。一方面外部帮扶力度很大，硬件建设突飞猛进，另一方面内生动力严重不足。如果不包括公益岗位工资收入，农民外出打工收入只占人均可支配收入总额的 5%；现金收入当中，虫草收入占一半以上，其他主要靠政策性和转移性收入；集体经济发展滞后，资产收益扶贫项目是用扶贫资金参股，白托村无人参与管理和劳动；互助合作等带贫机制也没有建立起来。

白托村驻村工作队队长四朗陈列向我反映："新冠肺炎疫情对当地的减贫工作没有大的影响，1月至4月之间村民一般都待在村里。自第九批工作队于今年藏历年后（一年一换）入驻以来，村民提出过四个比较关心的问题：一是解决部分村民使用自来水的问题；二是解决从白托村至牧场的大约13公里的道路问题；三是村民的耕地经常被牲畜和其他动物破坏，希望解决网围栏的问题；四是村民希望在村里搞义诊活动。以上四点，1、4两项在今年有望解决，2、3两项还在想办法。"

"村民和驻村工作队最关心或共同希望的是，有个白托村村民自己管理和经营、能够为村民增收的集体经济项目。白托村离县城远、海拔高，各方面条件相对比较差，因此目前其他能为村民增收的渠道还没有找到。"当然，目前总体情况越来越好，有中央政策的支持，对于白托村的未来，他们仍然充满信心和希望。

后　记

2020年4月下旬，写了《白托村远程调研追记》（以下简称《追记》）之后，我寄给了分管扶贫和藏区工作的领导，是希望他了解一下藏区的真实情况。

但没有想到，领导很快作出了批示，并送相关部门传阅。

此后不久，西藏日报即派出记者重访白托村。7月2日，在《走向我们的小康生活》栏目，采写了一篇《洛隆县新荣乡白托村山村唱响感恩歌》的报道，从另一个视角再次肯定了我在《追记》中所反映的巨大变化。但越是这样，我的心里越是不安，越发担心由于自己没能亲自去走一走、看一看而产生了对领导的误导。8月12日至24日，我以国务院扶贫开发领导小组专家咨询委员会主任名义，带着"脱贫攻坚与乡村振兴有效衔接"的课题再次来到昌都，先后考察了 7 个县，并于 8 月 19 日来到洛隆县，8 月 20 日至 21 日又特意在

2020 年 8 月，作者再回白托村，与村民交谈

白托村住了两个晚上，以亲眼见证这 42 年的变化，同时也是对我远程调研真实性的一个检验。

在村里活动的一天多时间，我看了新修的蓄水池和入户的自来水，看了卫生室和幼儿园，看了两个小卖部，查看了几乎所有商品；还看了三个农户，既有建档立卡的贫困户，也有非贫困户，还有一搬迁户，并把一台中国农大研制的高原捡拾车送到农户家中。

所到农户，都仔细地察看每一个房间，每一件农具，粮食、酥油和肉，衣服及被褥，还要了解烧火做饭和取暖及家庭能源的情况。

在村里的时候没有敢细问，因为作为退休之人，对有些事情不敢有过高的奢望。但回到县里座谈时，从县委书记吴剑的汇报材料上了解到，《追记》获得领导批示之后，县里对照《追记》所提问题逐条进行整改，支付金额竟高达 200 多万元！

县里的材料是这样写的：

在这里首先汇报一下《白托村远程调研追记》中提到问题的解决情况。一是关于生活方式和生产方式的矛盾，县扶贫办已为白托村免

费发放微耕机、收割机各 123 台，同时积极做好宣传工作，进一步提高当地群众使用农业机械的积极性，提高当地农业机械化率；县农业农村局组织人员已完成对白托村的耕地实地调查，确认 272.54 亩水浇地适合高标准农田建设标准，已纳入 2020 年建设中，目前已完成前期勘察设计，预计在 2020 年 11 月可以建设完成，涉及资金 59.8 万元；同时县农业农村局已对该村 50 头黄牛及 30 头牦牛进行了改良，以提高奶产。二是关于现代文明与历史痕迹的矛盾，引导和鼓励白托村妇女群众遵法学法守法用法，妇联、民政、司法等多部门联动，以维权宣传周、廉政宣传月、全国禁毒日等重要节点日期为契机，宣传《婚姻法》和《未成年人保护法》等法律法规；走访了解她们的所思所想，从苗头性预防一妻多夫及早婚早孕的不良风气，从源头上改善和遏制不良风气的滋生；自觉破除婚姻陋习，提升婚姻观念。三是关于基础设施与公共服务的矛盾，于 2020 年 4 月在本年的农村饮水安全巩固提升扶贫整合资金中划拨 146 万元，新建取水口 2 座，蓄水池 2 座，管道 4 公里，工程已于 6 月底建设完工。四是关于白托村自然村和珠果益自然村的矛盾，将洛隆县新荣乡至白托村公路列入洛隆县"十四五"发展规划中，积极与上级部门沟通衔接，安排县交通局等有关部门及时跟进项目。将珠果益自然村 20 户 118 人纳入整村搬迁规划，目前已完成搬迁 4 户 43 人至县城曲扎贡搬迁点，剩余 16 户 75 人，计划在 2020 年底搬迁至县产业园区附近，现已完成群众意见征集和项目申报各项工作。五是关于外部帮扶与自身动力的矛盾，2019 年以来县乡两级在白托村开展"志智双扶"、感党恩、新旧对比、四讲四爱及相关法治宣传教育活动 30 余场次，受教育达 600 余人次，以后持续加大开展"志智双扶"、感党恩等相关活动力度，不断激发白托村贫困群众内生动力，转变贫困群众思想观念。六是群众向第九批驻村工作队提出的四个比较关心的问题，通自来水的问题前面已有交代，工程已于 6 月底完工；白托村至牧场公路的问题，已安排县交通局积极与上级部门沟通、申请，推动白托村至牧场公路（土路）建设，争取早日落地，造福百姓；希望解决网围栏的问题，县林业局根据目前储备情况予以解决 4000 米，于 5 月 15 日已经全部领取完毕。县农业农村局积极与市级相关部门对接，10 月之前再解决 5000 米网围栏；针对希望在村里搞义诊的问题，2020 年 4 月 29 日县医保局联合昌都市协和医院，利用入村宣传城乡居民大病统筹报销政策的契机，在新荣乡白托村开展了一次义诊活动，并有针对性地赠送了免费药品；7 月 2 日县惠康医院组织医务人员为白托村开展免费派药义诊活动，其间免费为群众提供了测血压、血糖等服务。

看到这些材料，我真佩服当地干部解决问题的那股子认真劲儿！如果凡事都这样认真，一定能得到老百姓的衷心拥护和爱戴！

当然，在白托村时，村委会还集体向我反映了希望整体搬迁的愿望。据吴剑书记讲，当初曾动员白托村群众加入扶贫易地搬迁的计划，但他们无论如何不想搬。本来预计怒江两岸会搬得比较多，没想到最后搬得最少。现在，看到别人搬了效果不错，群众又想搬了。但这一轮脱贫攻坚计划已经实施完毕，只能等以后再找机会。

8 月 19 日，刚到洛隆那个晚上，原白托村

白托村供销社老职工伦珠多吉（右）向作者赠送锦旗

白托村党支部书记卓仑卡（右四）向作者（左四）赠送锦旗

供销社的老职工伦珠多吉给我送来了一面锦旗，上面写着：把青春抛洒在雪域高原，以深情眷顾于怒江深处。这面锦旗着实让我感动。的确这几十年一直惦记着白托村的乡亲们，关注着那里的变化。伦珠多吉还特别对在场的藏族同志说起，说我当年在离开白托村时送给他一件衣服。当时他的工资是每月 12 元，按规定要上缴 6 元，买一件衣服要花 5 元钱，最后自己的生活费只剩 1 元。生活之拮据溢于言表。而我给了他一件衣服，解决了他的大问题。他对此一直念念不忘。

8 月 20 日，在新荣乡发放牛粪车的仪式上，白托村党支部书记卓仑卡又送上一面锦旗，上面写着这样一段话：情比雪域万里山河，心系白托一枝一叶。落款是：白托村全体村民。

有此一番情谊，此生足矣！

我的"科技富民"探索路

杜德志*

我 1964 年 9 月出生于江西省吉安县农村，从小对农民的艰辛感受深刻，想着要为减轻农民的疾苦而努力学习。1982 年高中毕业时，我报考华中农业大学，选择了并不热门的农学专业。1986 年大学毕业后，我又考取了中国农业科学院研究生院，专攻作物遗传育种专业。读研期间，因为油菜"北繁"试验，我来到了青海。湛蓝的天空下，广袤的高原上，盛开着无边无际的油菜花，这番美景深深地吸引了我。但在了解到当时青海主要种植生育期短、产量低、品质差的白菜型油菜，而高产优质的甘蓝型油菜因生育期偏长，还不能在青海正常成熟的情况时，"美丽青海"就成了我挥不去的牵挂。

一

1989 年，我硕士毕业，只身来到青海省农林科学院工作，开始从事油菜育种工作。春油菜是青海省最主要的食用油料植物，也是当地农民重要收入来源之一，改善油菜品质对青海省农业产业的发展和提高农民收入

---

* 杜德志，第十一至十三届全国政协委员，第十二届青海省政协副主席，第六至八届九三学社青海省主委。

有着非常重要的意义。虽然当时青海在油菜作物杂种优势利用研究和应用上尚属空白，但我深信省外能育成冬油菜杂交品种，青海作为我国北方春油菜的发源地，作为我国乃至世界上白菜型油菜种质资源最丰富的地区，作为特早熟型油菜种质资源富集区，只要潜心钻研，一定能培育出高产优质的春油菜杂交品种。

1990 年，经过一年的调查研究，我深感青海这片土地太需要高产优质的油菜新品种了，便向青海省科委提交了"开展油菜杂种优势利用研究"的立项申请。申请很快得到批准，并作为青海省"八五"重点科技攻关项目。我很受鼓舞，虽然一无工作经验，二无任何资料可资借鉴，但参加工作仅一年的我就这样带领课题组开始了"科技富民"的探索之路。

青海夏短冬长，作物生长期很短，为了缩短育种周期，每年在青海春种秋收后，我就赶到冬油菜区秋种春收，进行"南繁"，利用南方的温热气候再继续研究。年复一年，我和育种团队像候鸟一样，在青海和云南两地间迁徙、育种，循环往复地重复着劳身又劳神的超负荷工作，从未间断。

我用 5 年时间完成了常规需要 10 年才能完成的课题，在 1996 年培育出了我国第一个大面积应用的双低春油菜杂交品种"青杂 1 号"。它比当时春油菜区主栽常规品种"青油 14 号"增产 16.1%，先后通过了青海、新疆、内蒙古等省区审定，迅速推广为我国北方春油菜区的主栽品种，为这些地区的农民带来了实实在在的经济收益。这项成果也实现了青海省农作物杂种优势利用研究零的突破，为青海省油菜杂种优势利用研究注入了"活水"，不但赶上了全国发展步伐，而且在春油菜区处于领先地位。

2000 年，我再接再厉，又培育出了比"青杂 1 号"产量更高的"青杂 2 号"。该品种开始在青海省大面积示范推广，并在内蒙古、新疆及甘肃低海拔春油菜主产区种植，使得整个春油菜区油菜产量进一步提高，完成了对杂交春油菜品种的第一次更新。

"青杂1号"和"青杂2号"在甘蓝型油菜产区大面积推广的同时，我国春油菜高海拔、高纬度产区还主要种植产量较低、品质较差的白菜型油菜，当时的甘蓝型春油菜品种在这些地区还是不能正常成熟。为此，我对自己又提出了一个更难的目标：提高白菜型油菜产区的油菜产量，从根本上改善这些区域的油菜品质，为高海拔、高纬度产区的群众增加经济收入。

为了实现这一目标，我带领课题组经过无数次的科技攻关，于2001年培育出我国第一个特早熟甘蓝型春油菜杂交品种"青杂3号"，基本替代了我国春油菜区海拔2750—2950米区域的白菜型油菜，是我国春油菜区早熟育种的重大突破。接着又先后培育出9个高产优质甘蓝型油菜杂交品种，使高海拔地区的油菜种植发生了革命性变化。其中，"青杂5号"连续五年被农业部定为全国油菜主导品种，并创造了我国油菜单产历史的最高纪录；"青杂7号"连续两年被农业部遴选为当年全国油菜主导品种。

20年来，我和团队坚持创新驱动与扶贫开发相结合，经过不懈努力，截至2018年，我主持培育的"青杂"系列春油菜品种有15个。这些品种使高产优质甘蓝型油菜种植区域的海拔上限提高了200米，平均亩产提高30公斤左右，使青海成为我国北方最重要的春油菜良种繁育基地。为了惠及更多农民，以科技支撑助推脱贫"摘帽"，我们将这些品种推广到甘肃、新疆、内蒙古、四川、宁夏和山西等春油菜区，年推广面积达到500万亩，占我国春油菜区甘蓝型春油菜种植面积的85%以上，"青杂"系列在国内外累计推广7500多万亩，种植区累计增收60多亿元。

二

1993年，怀着一颗立志"科学为民"的心，我加入了九三学社。2005年12月当选九三学社青海省副主委，自2007年起连任九三学社青

作者到已脱贫农民家中慰问

海省第六至八届主委，第十一至十三届全国政协委员。

作为九三学社省级组织主委，我牢牢抓住履职这一生命线，立足九三学社人才智力优势，把生态保护、科技创新和脱贫攻坚等作为青海九三学社参政议政的着力点，形成了社中央对青海工作关心支持、积极向中共中央建言献策的良好局面。

中共十八大以来，党中央把脱贫攻坚摆到更加突出的位置，打响了脱贫攻坚战，社省委和社中央联合对柴达木地区的生态综合治理与绿色发展战略、川甘青交界地区全域旅游发展、草原生态文明与现代畜牧业发展、黄河流域生态治理与全流域经济社会协同发展等课题深入调研，建议以"直通车"形式上报国务院，取得了助推柴达木新能源基地建设纳入国家发改委全国新能源基地建设总框架，格尔木市、德令哈市入选国家"光伏发电领跑基地"等成果。2019 年与社中央联合对黄河上游水源涵养区生态环境保护、以草原生产力恢复促进草地生态修复、农牧业高质量发展、科技型民营企业高质量发展等重点课题调研，形成相关调研报告上报中共中央，为我省打赢脱贫攻坚这场硬仗贡献智慧和力量。

社会服务是民主党派履职的重要载体。我带领九三学社青海省委在实践中开拓创新，将九三学社自身智力资源和科技优势重新排列组合，改变了以往社会服务活动单一、分散、短期、局部发热的服务模式。2013 年与互助土族自治县建立了"九互合作基地"，整合集中社内力量，积极挖掘省内资源和开展省际交流合作，围绕互助县经济社会发展需求，在农、科、教、文、卫等多个领域对互助县进行全面、集中、长期定点的帮扶。结合自己青海大学副校长兼青海大学农林科学院副院长和春油菜研究所所长的本职工作，发挥自己的专业特长，我多次到互助县政府协商筹备，将"青海油菜产业技术集成示范"和"春小麦新品种示范推广基地建设"两项农业科技成果与"九互合作"无偿结合，建立了互助县农业成果转化示范基地，拓展了贫困户增收门路，为实施乡村振兴战略打下了一定的基础。

2014年，进一步整合省科研院所社员专家的资源和力量，坚持科技创新与扶贫开发相结合，在青海互丰农业科技集团有限公司建立了"青海省九三学社专家工作站"。狠抓科技人才扶贫和科技项目扶贫，指导公司制定科学的发展规划，几年来为公司培养了一批技术骨干，帮助公司在青海贵德、甘肃民乐建立了2万亩的杂交油菜制种基地。该公司现已成为我

2020年4月，作者（左三）带队赴互助县五十镇荷包村，开展"九互合作"高产油菜新品种示范推广暨春耕农资捐赠活动

国最大春油菜制种基地，每年可为全国 500 万亩油菜生产提供优质高产种子，有效促进了农业生产结构调整和农民增收。

2017 年，为创新推动社会服务向更高层次迈进，我积极与九三学社中央沟通联系，促成社中央在互助县国家级现代农业示范园区建立了"九三学社院士工作站"，为青海省和互助县搭建了科技合作和科技成果转化的大平台。2018 年全国人大常委会副委员长、九三学社中央主席武维华院士率院士专家团到互助县考察调研了"九三学社院士工作站"工作，为我省农业科学发展把脉，在互助县举办了"现代农业科技发展高端论坛"，为互助县借助社中央院士专家智慧和力量，开展科技成果转化应用、科技队伍培养，加快智慧农业、生态农业发展，全力打造高原特色现代农业研发基地创造了良好条件。

三

实际工作中，我深刻认识脱贫攻坚民主监督的政治意义，切实担起助力脱贫攻坚的重大政治责任，扎实推进对口黄南州脱贫攻坚民主监督工作，认真学习借鉴社中央和社兄弟省市委会脱贫攻坚民主监督工作的宝贵经验。坚持深入一线扎实调研，和调研组赴黄南州对健康扶贫、教育扶贫、产业扶贫和居住条件改善、财政涉农资金整合使用等五个重点领域开展民主监督调研，还选派社内专家和机关干部每年分组深入泽库、尖扎、河南、同仁四县牧民家中，以及学校、乡村卫生院、易地搬迁社区、安置点、县扶贫产业园和县脱贫攻坚档案馆等进行深入细致的调研。坚持问题导向精准建言，形成对健康、教育、易地搬迁等扶贫领域的意见建议反馈给黄南州委统战部。

同时，我积极争取社中央"一带一路助推地方经济建设"以及"多党合作乡村振兴示范"项目，依托社员专家科技成果，连续两年在省委统战部联点扶贫村、兴海县和互助农业示范园区建设20亩高寒地区羊肚菌示范种植基地，在德令哈市开展藜麦新品种选育示范100亩。借助社会的力量，为黄南州职业技术学校申请引入海南省成美慈善基金会"情暖少数民族女孩"项目资金120余万元，资助200名少数民族贫困女生在校生活费和奖学金。为海南州兴海县民族寄宿制小学投入"藏族困境儿童能力提升"项目资金10万元，将"输血"式扶贫转变为"造血"式扶贫，让老百姓有实实在在的获得感和幸福感，为我省各族群众提供了更多脱贫之路。

济源脱贫攻坚督查调研纪实

连玉明[*]

2018 年，第一次随国务院大督查第十六督查组到济源督查脱贫攻坚，听介绍、访企业、走村镇、看农户，在为济源点赞的同时，心中顿生一连串疑问：政府投入这么大，扶贫政策这么好，贫困群众怎么想？扶贫先扶志和智，脱贫的内生动力足不足？这里是愚公移山精神的发祥地，新时代的愚公精神在哪里？带着这些问题，我决定杀个"回马枪"，王屋山下探究竟。

坐车、推车与拉车

王屋山区沟深坡陡，贫困村、贫困户虽不是很多，但却是贫中之贫、困中之困、难中之难、坚中之坚，因病致贫、因残致贫占大多数。陪我走村入户的是省脱贫攻坚督查组的梁修群和济源市督查局的任战平，我们"约法三章"：领导看过的不看，事先安排的不看，大路两旁的不看。

几经辗转，我们来到王屋镇谭庄村脱贫不久的王宴波家中。这是一个 6 口之家，男主人王宴波 43 岁，初中文化，前些年因车祸致残，丧失部

---

* 连玉明，第十三、十四届全国政协委员，北京市朝阳区政协副主席，北京国际城市发展研究院院长。

分劳动能力，孩子们都在上学。生活的压力让这个本应身强力壮的男子汉显得有些未老先衰。但他的眼睛炯炯发光，说话底气十足，能看出他的内心是强大的。我问他："过得怎么样，还有啥困难？"他笑了笑说："再难也要让孩子上学！"然后接着说："国家的扶贫政策都享受到啦！有低保，全家每个月 600 元；有困境儿童补助，每个月 630 元；有教育扶贫款，加起来寄宿生生活费补贴 3850 元，营养餐补助费 1600 元，还享受助学金 2000 元；有生猪养殖保险，家里养了 110 头猪，每头补贴 10 元；参加了城乡医疗保险，每人缴纳 180 元，政府返还 90 元；每季度到爱心超市领取 300 元物品；政府出钱上了'一揽子'保险；还有每个月补助 10 度电、每年补助 260 元燃油，还签约了家庭医生。"一口气，王宴波列出了 10 多项。他指着墙上贴的一张张帮扶政策明白卡，说："政府这样帮助咱，咱再不好好干，能对得起政府吗？能对得起自己吗？"

王宴波是这样说的，更是这样干的。他与妻子周小娥一起种菜，一起养猪，只要有空闲，就开着三轮车走村串户收荆耙、搞运输。看着院子里堆积如山的一摞摞荆耙，我问他："一摞荆耙挣多少钱？"他说："挣一块钱！"即使是一块钱，他也不放过。他的脱贫就是靠一块钱、一块钱挣出来的。

王宴波的家境依然是贫寒的，生活依然是艰辛的，但他的自强与奋进却一刻也没停止过。我想起习近平总书记多年前向福州大学青年学子介绍的那副对联："智叟何智只顾眼前捞一把，愚公不愚哪管艰苦移二山！"在王屋山下，不止一个王宴波。原庄村的侯士贤、侯建立，双房村的李小创、翟立国，花园村的王玉强、程相军，王庄村的王小敏、黄根全、赵功文，林仙村的周备明、胡景臣，南桐村的吴东征、赵小创，还有很多很多人，他们都是在扶贫政策的感召下，正在用自己的双手和汗水一步步摆脱贫困。王宴波说："我们不能坐在车上等着政府拉。政府是推车的，我们是拉车的。我们遇到沟沟坎坎，政府推一把，社会帮一把，我们就上去了。"多么生动的比喻，多么深刻的道理啊！

扶志、扶智与扶德

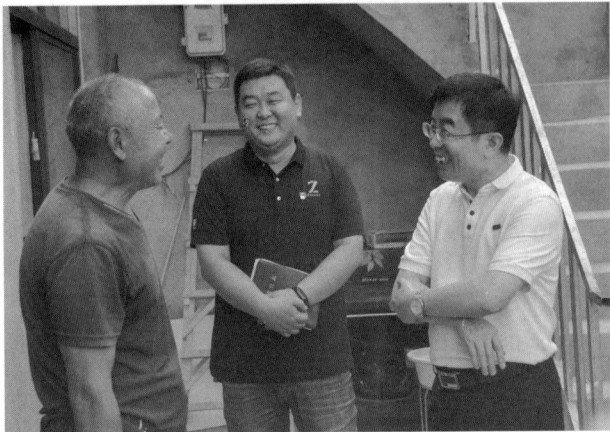

调研期间，作者（右）与村民侯小军交谈

侯小军这个名字是我在督查调研期间反复提到的。他既没有高大形象，也没有传奇色彩，就是一个普通得不能再普通的农民，还是一个贫困户。他不善言谈，老实中带着纯朴，憨厚里透着善良。他是共产党员，我问他什么时候入的党，他说是 2006 年。我又问："谁是你的入党介绍人？"他说："村里的老支书！"他除了力气，没有任何手艺。就是这样一个人，26 年如一日，贴心照顾着自己一级智力残障的儿子，不离不弃。他常常对妻子说："为了儿子，咱也得好好过！"

2014 年，侯小军被识别为建档立卡贫困户。儿子享受低保，每月 250 元，并且享受困难残疾人生活补贴和护理补贴每月 120 元。侯小军被安排为林场护林员，每月 1800 元，市林业局还扶持他栽植半亩双季槐，办了"一揽子"保险。在他家的帮扶措施明白卡上，记载着享受各项帮扶政策 27 项，而且每项都有侯小军的签字，并按上红手印。2017 年，他用危房改造补助资金和市林业局的资助资金共计 9.24 万元盖起了新房。他和妻子一边种植小辣椒、养羊，一边照顾患病的儿子，风风雨雨，从未被困难吓倒，也从未被生活的重担压垮。他从艰辛中走来，与困难抗争，"把承受挫折、克服困难当作是对自己人生的挑战和考验"。艰辛塑造了他不屈的性格，困难坚定了他不变的信仰。英雄正是坚持信仰的平凡人，侯小军就是这样。他终于脱贫了，还当选为村监委委员、居民组组长。

必须一提的是，侯小军不仅照顾着自己身患重病的儿子，还日复一日照顾着患有残疾的邻居一家三口，而且他是自愿的、不图回报的。十几年如一日，从未间断，即使一天往邻居家跑几趟，他也无怨无悔。我问他为啥这样做，他却微微一笑，低头未答。从他家走出来，墙壁上的大字"幸福都是奋斗出来的"是那么耀眼，我突然明白了村民为什么会选他当村监委委员。

"三多三少"与"三元"

第一次见到老侯，是在王屋镇的蔬菜制种基地，他正在忙着给贫困户搞制种技术培训。推开教室的门，屋子里坐满了人，技术员正在讲解。院子里的长桌子上，摆满了大大小小的瓶瓶罐罐，20多种种子样品琳琅满目，旁边是一大摞种子委托生产合同。随意打开其中一份，上面写着：甲方济源市绿茵种苗有限责任公司；乙方济源市承留镇大沟河村；丙方李海江。合同第二条明确：甲方委托乙方为其寻找该村农户（即丙方）进行种子生产，种子的品种、种植面积、质量、生产要求及价格如下：萝卜，R409，1亩，芽率≥90.0%、纯度≥99.0%、净度≥99.0%、水分≤7.0%，隔离距离>1500米，定植比例：母本2∶父本1，价格60元/公斤。再打开老侯装在文件夹中的另一叠材料，是一张张绿茵种苗带动贫困户生产年度收益表，随意翻了几张，上写着：麻院村，张小锤，白菜，0.9亩，产量86.5公斤，收入2595元，未脱贫；枣园村，王小院，甘蓝，1亩，产量67.6公斤，收入4056元，2016年脱贫；风门腰村，刘虎庆，丝瓜，1亩，产量15.8公斤，收入3160元，未脱贫；北吴村，陈书文，白菜，4

亩，产量 589 公斤，收入 17670 元，2015 年脱贫；三岔河村，燕召武，洋葱，0.4 亩，产量 10.7 公斤，收入 1591 元，未脱贫，等等。

老侯说他搞蔬菜制种 18 年了，在济源有 92 个基地，也就是 92 个村，4130 个农户，84 户贫困家庭，制种面积 1.3 万亩。一亩蔬菜制种可纯收入四五千元。2017 年公司收入 1 亿多元，90% 的利润都让给了农民。

第二次到济源督查调研，我想集中精力到贫困户家中多看看，就没有打算去老侯的基地。但老侯这个人却让我放不下。看着遍布村寨的制种基地，我决定再次联系老侯，让他陪我走村入户。老侯来了，陪了我整整一天。我俩趁着坐车的工夫边看边聊，让我又一次加深了对老侯的印象。

老侯叫侯三元，是济源本地人，一位地地道道的农民企业家。他原来搞大田育种，2000 年他与 7 个伙伴成立了股份公司，搞起了蔬菜制种，一干就是 20 年。他开始并不懂制种技术，干了好几年都赔钱，后经熟人介绍上门求教蔬菜遗传育种专家方智远院士，才获得"真经"。老侯说："这得益于我解决了方院士的一个种苗难题。"当时，方院士正在研发一个小甘蓝品种，产量高、需求大、市场前景好，但在山东、河北、山西，包括北京就是搞不成。方院士把这个难题交给老侯："如果你能生产出来，我这个品种就有希望了！如果生产不出来，这个品种就废掉了！"方院士的话让老侯颇感压力，回到家里寝食难安。老侯是看上去有些腼腆，但骨子里很倔强的一个人，一旦咬定目标，决不放弃。老侯爱钻研技术，他发现别人没有成功的原因，是没有掌握小甘蓝的品种特性和气候条件，父本花期短，父本和母本花期不相遇。找到了原因，老侯通过拉长父本花期，把难题解决了。老侯兴奋，方院士高兴，院士工作站也落户老侯的公司啦！

老侯在农村推广蔬菜制种并不那么容易，特别是到贫困村就更难。一开始，村党支部书记不相信，农户怕有风险。但老侯相信自己，老侯愿担风险。他找到农户，签完合同先付钱；他找到村党支部书记，说："你让农民跟我干，我让村里'三多三少'变成'三少三多'！"老侯对贫困村的党支部书记说："你现在的村里，土房多、砖房少，粮食作物多、经济作物少，没钱人多、有钱人少。跟我干5年，你们村一定会土房少、砖房多，粮食作物少、经济作物多，没钱人少、有钱人多！"村党支部书记被老侯说动了，带头干起来，农民纷纷加入，蔬菜制种面积年年扩大，村里的"三多三少"终于变成"三少三多"。我问他这些年跑了多少村，他说："所有的基地都跑遍了，有的村一年跑几趟！"

不光是老侯跑，公司除了5名后勤人员，80多名技术员常年吃住在基地，他们白天跟农民一起下地干活，晚上走家串户搞"家访"。我在邵原镇张凹村见到了绿茵种苗驻村技术员李小军，他那满脸的皱纹、黝黑的皮肤和结实的身材，让农民看着就放心。他们吃住在农民家里，与农民一起下地。老侯说这些人不简单，扛起锄头能干、放下锄头会写，他们既是技术员，又是管理员。老侯幽默地说："我比他们多了一'员'，还是指挥员。所以，我叫侯三元。"

我跟老侯走一路、看一路、聊一路。途经引沁济蟒渠时，老侯指着山上的"人工天河"说："这条渠可帮了我们大忙啦！"蔬菜制种必须靠水，山区用水是个大难题，20世纪搞的王屋山供水工程解决了这个难题。远远望去，水从天降，层层叠叠，气势磅礴，与"红旗渠"一样雄伟。老侯回忆说：建设引沁济蟒工程是20世纪六七十年代的事，是济源、孟县（今孟州市）人民发扬愚公移山精神，自力更生、战天斗地的伟大创举。整整10年，跨越300多个山头、200多条河流，凿通66个隧洞，建造403座桥涵洞，建成长达120公里，干、支、斗渠总长2000公里，灌区面积达40万亩的"人工天河"。老侯激动地说："这不仅是又一条'红旗渠'，也是一条'愚公渠'啊！"

山路、天路与心路

　　夏秋之交的王屋山顶,云雾缭绕。盘山而上,驻足远眺,"涛卷海门石,云横天际山"(李白诗)跃入眼帘,堪有黄山奇、庐山秀、泰山雄、华山险之势。低头下望,山路崎岖,沟深坡陡。只闻蜀道难,哪知山路险啊!

　　从郑坪村驱车一个多小时,穿过三条人工隧洞,我们终于抵达济源海拔最高(1470 米)的思礼镇水洪池村,见到了 74 岁的"当代愚公"苗田才。这是一位英雄般的传奇人物。30 多年前,苗田才带领全村 7 名党员、48 名男劳力和 27 名"女汉子",用 10 年时间,硬是从崇山峻岭中凿开了一条路。我问他:"为啥修路?"他掷地有声地说:"有了山路,才有出路!"在水洪池村的百年大栎树下,苗田才回忆说:"过去水洪池是个穷村。花钱靠救济,吃粮靠统销,娶回个老婆还要跑。20 世纪 80 年代,43 户人家没有一家有自行车、电视机,全村都不通电。从村里走到村外,得靠双脚踩出一条羊肠小道,整整走三天三夜。那个时候,村里没有一个人去过县城。"

　　苗田才是个不服气、不服输的人。他 1971 年入党,1975 年辞掉公职,回村里当了党支部书记,1985 年开始修路。他先开党员会统一思想:"咱这一辈路不通,下一辈接着修,一辈接一辈修下去,哪有不通之理!"

与"当代愚公"苗田才交流

调研思礼镇水洪池隧道建设

随后在村里颁布一项村规：凡年满 16 岁至 60 岁的男性村民全部无偿参与修路，不管修多少年，只记工分不分红。他说到做到，把老父亲和 4 个儿子先后带到工地上。没有钱，请不起施工队自己干；没有工具，锤子、铁钎，只能靠村民自己打，箩筐只能靠村民自己编；没有炸药，村民们买点硝铵，弄点糠，摸索着制作；没有专业测量仪器，就用"手心准"；没有电，就用柴油机自己发电。10 年寒暑春夏，3600 多个日日夜夜，他们不知吃了多少苦，流了多少汗，脱了多少皮，终于修通了一条长达 13.5 公里的"人工天路"。

回首往事，苗田才感慨万分，激情朗诵毛泽东的《诉衷情》词："当年忠贞为国愁，何曾怕断头？如今天下红遍，江山靠谁守？业未就，身躯倦，鬓已秋；你我之辈，忍将夙愿，付与东流？"

水洪池村被群山环抱，山顶奇岭遮掩，宛若城墙，看似一洼平地，人称"天池"。水洪池也是一个古村落，仙人桥、虎板岭、滴水盆、仙果洞，石板路面，石磨石碾，栎树参天，浓荫如盖，澹澹松涛，阵阵鸟语，有"世外桃源"之美誉。水洪池还是当年济源抗日民主政府所在地，至今仍保留抗日民主政府办公旧址。在这栋办公旧址石房里，我见到了一位 90 岁高龄的老人家，他精神矍铄，看得出来身上依然有那么一股劲。水洪池的人都有这么一股子劲，苗田才靠这股劲打通了通往"外面"世界的路，靠这股劲带领乡亲们走在脱贫致富奔小康的大路上。

我们来到贫困户马永泉家，老人已 77 岁，无劳动能力，儿子马素军 47 岁，二级智力残障，长年在外打工，月收入 800 元左右。老人孤身一人在家生活。去年马永泉家享受"六改一增"政策，家里住房有了明显改善。父子二人均有了低保，每月 360 元；儿子有残保，每月 120 元；企业产业扶贫每年分红 3000 元；还参加了城乡居民医疗保险和"一揽子"保险，2017 年人均纯收入 9812.95 元。我注意到，老人家里虽然脱贫，但生活仍然艰辛。特别是一日三餐，并不能天天吃到热汤热饭。我建议说："能不能开发一个公益岗位，为独居留守老人集中煮饭送餐。"驻村第一书记王向荣马上回应："我们一定办好！"

在老人的院子里堆着很多柴火。王向荣告诉我，老人家虽然 77 岁了，但每天还坚持上山打柴，补贴家用。这些柴火都是老人自己从山上一捆一捆背回来的。多么纯朴、多么勤劳、多么坚强的老人啊！虽然他的腰弯了，背驼了，但他跟苗田才一样，依然有一个挺直的"精神脊梁"！

小事、杂事与实事

虽然第二次到济源只有两天时间，但这两天的经历足以让我感动。思想感情的潮水汹涌，放纵奔流。正如作家魏巍在《谁是最可爱的人》一文中写的那样："我最急于告诉你们的，是我思想感情的一段重要经历，这就是：我越来越深刻地感觉到谁是我们最可爱的人！"

还是讲几段我的亲身经历吧。

第一天晚上的驻村第一书记座谈会，是市督查局根据我的请求安排的。当我走进会议室时，他们已整整齐齐坐成一排，像平时开会一样严肃。我坐下来，用很

走访大峪镇王庄村老人

不标准的普通话说："今天我们不开会，聊聊天，不用念稿子。"顿时气氛缓和了很多。我不想刻意地一一介绍他们，但他们的名字我必须记住。他们是：大峪镇王庄村第一书记任云飞、大峪镇曾庄村原第一书记成富营、克井镇古泉村第一书记孙云中、承留镇张河村第一书记侯苗红、王屋镇桃花洞村第一书记胡爱国、邵原镇北寨村第一书记赵波、下冶镇南桐村第一书记石亚栋、承留镇山坪村第一书记张骞。

听第一书记讲故事像是拉家常。成富营说，在村里办的第一件事就是成立"红白理事会"，用"村规民约"硬把办一场红白事的花费从少说一两万元降到不超过 3500 元。孙云中说，他是自愿报名去驻村的。刚到村里，两眼一抹黑，干啥都不顺，有一次，他通过公益岗位解决了患有自闭症的"懒汉"贫困户的问题，从而打开了工作的突破口。侯苗红说，刚到村里，衣服不带泥土，皮鞋擦得锃亮，群众见了就躲。后来与群众打成一片了，群众自然而然就信任他了。胡爱国说，他是搬掉了三座"大山"才树立起威信的。为了打通村里的断头路，他"智斗"王随山、王成山、张德山（人称桃花洞村"三座山"），终于修通了十几年都没修通的两条路。赵波说，他利用在政法委的工作经验，调解了一起三个子女不赡养老人的

纠纷案，让群众对他从"瞧不起"到"离不开"。张骞说，他是山东人，2012 年通过人才引进到了济源，2015 年 9 月当驻村第一书记。他所在的村村民居住分散，点多面广，十户八空，依靠与邻村抱团发展才找到了出路。任云飞说，他当第一书记，有三个没想到：一是没想到扶贫政策这么好，二是没想到村里的事情这么多，三是没想到对第一书记管理这么严，一周有五天四夜必须住在村里，早晚还得签到。

座谈会一直开到晚上 11 点 40 分，大家还是意犹未尽。第二天，在大峪镇王庄村，我见到了第一书记任云飞。他正忙着分析建档立卡贫困户精准扶贫政策的落实情况。参观完他的得意之作"幸福图书室"后，我们走访了王小敏、黄根全、赵功文 3 个贫困户。我再次问起他这几个月有什么感受时，任云飞笑了笑说："皮肤变黑了，脸皮变厚了，胆子变大了！"是啊，当好扶贫带头人，当好村里代言人，当好群众贴心人，皮肤再黑一些，脸皮再厚一些，胆子再大一些，又有何妨呢！

济源有 59 个贫困村，每个村派驻一位第一书记。短则一年，长则三年。这些人从机关、企业、学校走进农村，并没有丰富的基层工作经验。他们是普通人，甚至是有缺点的人，但他们敬业、刚毅、坚韧，敢于面对困难，敢于挑战自我，他们义无反顾且无怨无悔。他们没有惊天动地，也没有轰轰烈烈，他们在小事中磨炼，在杂事中成长，在实事中赢得群众的信任和爱戴。李自琴就是其中的一位。李自琴的名字是我在开第一书记座谈会时无意听到的，她带着母亲驻村扶贫的事迹深深打动了我。座谈会后，我对市督查局的同志说："这个女书记，我一定要见见她！"

第二天的督查调研搞到很晚。当我见到李自琴时，她已经等了很长时间。我开门见山："你驻村的事，我听说了，带着老妈去扶贫，很了不起啊！"她很腼腆，低着头，有些不好意思。我说了几句开场白，便进入一问一答，开始了对话式的访谈。以下是我与李自琴对话的主要内容。

连：为什么会把你妈带上一起去驻村？

李：我驻的村是邵原镇碌碡村，是一个省级贫困村，很穷、很偏僻。母亲心疼我，干脆就跟我来了。

连：你驻村都干些什么？母亲呢？

李：很忙。刚开始忙着入户，我妈也跟着去。我走访登记、核查信息、宣讲政策，我妈就在一旁拍照片、留资料、问长问短。回到家里，我建档案、做卡片，她忙着为我炒菜、做饭。有时候忙起来，顾不上吃饭。我不吃，她也不吃，等着。

连：入户核查信息难吗？

李：这个村居住太分散，年轻人大多出去打工了，村里剩下的都是妇女、老人和孩子，在村里常住的不到100人。我入户核查贫困家庭收入的那阵子，正赶上收烟叶，白天各家各户都在地里干活，只能晚上入户核查。到了晚上，我妈陪我挨家挨户叫门。有一次核查完已经11点钟了，我们俩又迷了路，怎么也找不到来时的路，还是居民组组长把我们送出村子。从此以后，我妈就铁了心，一直陪了我三年多。

连：这三年多你觉得最难的事是什么？

李：也没什么。有我妈陪着，生活上很顺。有时工作不顺利，想哭，也哭过。59个驻村第一书记，只有4个女书记。总觉得对不起家人，委屈的时候总拿我妈撒气。

连：你妈呢，她有什么感想？

李：她感觉很好。山路都走习惯了，她虽然66岁了，但身体很好，走路比我还快。我妈比我都了解贫困户，什么情况都一清二楚。她说她这辈子有三个家，一个是娘家，一个是婆家，一个就是碌碡村这个家。村里人习惯称她为"第二书记"。

连：你呢，这三年多有什么感受？

李：很艰辛，很充实，很自豪，很值得。

这就是我们的第一书记，这就是脱贫攻坚的中坚力量，这就是新时代最可爱的人！当我站在王屋山下愚公移山塑像前，思想感情的潮水再起波澜。这几天在济源督查调研所经历的那一幕幕、一桩桩脱贫攻坚的典型事例，不正是当代愚公的现实写照吗？从"咬定目标"的苗田才、"苦干实干"的侯三元，到"锲而不舍"的王宴波、侯小军和"久久为功"的驻村第一书记们，他们不正是新时代愚公精神的最真实、最鲜活、最感人的生动实践吗？

我愿为岩博奋斗一生

余留芬 *

2001 年我接任岩博村党支部书记，至今已 20 载，从少不更事的农村妇女到一方百姓脱贫致富的带头人，万千往事直涌心头。我背负着让乡亲们脱贫致富的梦想在崎岖的山路上跋涉，受过人们的白眼，扛过人们的质疑，一路走来，眼看着乡亲们的生活逐日改善，心中无限地欣慰。

我 1989 年嫁到岩博村，时年 20 岁，那时候的岩博村里只有老土房和茅草房。为了摆脱只能靠天吃饭的窘境，接任村支书后，我下定决心："要么就不干，要么就干好，一定要带领群众换个活法，打破这几十年来无法摆脱的贫困！"经过再三思虑，我想出了三条强村的路子：一要加强村"两委"班子和党员队伍建设；二要打通岩博与外界的通道；三要发展村级实体经济。按照这个思路，在重组村"两委"之后，2001 年我们的新班子带着全村群众通过手挖锄刨，用三个月时间修通了一条四米宽、三公里长的进村公路，为岩博打开了通往脱贫致富的大门。

在岩博村脱贫路上，我和村里的"二英"结下了深厚的情缘。2008 年嫁入岩博村的袁会英是我们"岩博姐妹"中的一员，她看到岩博创办特种养殖场后，跟我谈起自己也想创办养殖场的想法。2010 年，经过村委

---

* 余留芬，女，中共十七大、十八大、十九大、二十大代表，第十三届全国政协委员，贵州省盘州市淤泥乡岩博村党委书记。

岩博村远眺

会研究，决定把集体林场的空房无偿借给袁会英使用三年，袁会英购买了1000 羽鸡苗开始了她的养殖创业之路。没想到的是，受鸡瘟影响，养殖场受到沉重打击。

会英第一个想到的是找我。我跟着她来到养殖场，看到遍地死鸡，横七竖八，我心里满是可惜和心痛——绝对不能让努力了那么久才办起来的养殖场就这么毁了，这可是姐妹的心血啊。于是我跑遍银行，帮养殖场申请到 10 万元两年的无息贷款，争取到 2 万元的养殖补助款，帮助养殖场渡过了鸡瘟难关。现在养殖场越做越大，现存栏蛋鸡 9 万余羽，资产积累达 300 余万元，年均收入约 80 万元，还提供了 15 个就业岗位。会英带领着一起创业的 10 余户群众脱贫致富，不用外出打工还能在家照顾老人孩子，村民们的日子越过越红火，伙伴们心里乐开了花。

另一个"英"是崔晓英，我唤她"英子"，是 2006 年从天津嫁到岩博村的外来媳妇。嫁到岩博后因为不适应这边的生活习惯，又和婆婆相处不睦，整天无所适从，经常一个人躲在房里哭。在一次村里某家酒席的饭桌上，我开导她：要把这里当作家，有需要帮助的就找我聊聊。为了让英子尽快适应岩博的生活，我常常把她带在身边，当作女儿对待。时间长了，英子也就成了地地道道的岩博人，和大家打成了一片。

后来，英子向我透露想要办个养殖场。我非常支持她这个想要改变现状的想法，就游说了几个村民注资，于 2008 年帮助英子建立起了养殖专业合作社。这个养殖场带动了周边 20 多户群众参与，提供了 30 多个就业岗位。2010 年开始盈利创收，慢慢走上了脱贫致富的新生活。现在这个养殖场存栏蛋鸡 20 余万羽，资产积累达 500 万元，年均收入约 100 万元。每次路过养殖场都能看到英子和婆婆有说有笑，空气都是甜蜜的，我看在眼里乐在心里。

2004 年，村"两委"研究决定，用 2000 块钱收购一个已建成的小酒厂——岩博小锅酒厂。经过近 10 年发展，从 2013 年开始，岩博小锅酒厂成为由村集体和村民共同投资入股的企业。随着村集体经济的不断发展，岩博小锅酒厂自筹资金扩建，让岩博村的特有资源变成资产，村民转变身份成为股东。2013 年，酒厂扩建尚未完成，但自筹资金已经全部用完，银行贷款和企业注资迟迟没有到位。面对资金困难，我几次深夜一个人在村委办公室落泪，想起酒厂里还有 100 多户群众的血汗钱就愁。我到处引资借钱，得到各级党组织的关心帮助和社会各界的支持，成功引入企业注资，让酒厂得以绝境逢生。

酒厂扩建完成了，更名岩博酒业，可问题又来了。因为缺乏市场经验和专业的销售团队，我们每天产出成百上千斤的酒堆满了仓库，没有销路。销售才是企业生存的关键。于是，我带着村干部从周边的小餐馆、小超市入手，一家一家地跑，岩博酒业生产的人民小酒开始了从地摊逐步走向超市、酒店的销售之路。从 2018 年开始，我们把酿酒剩下的酒糟免费提供给当地贫困村民搞养殖，猪粪又用来种植刺梨和高粱。2020 年 5 月，为全方位利用好酒糟，厂里还开发了酒糟泡脚理疗包、酒糟冰棍和刺梨冰棍等体验项目，形成多业态发展的循环经济生态扶贫体系。

为了带动脱贫，酒厂以高出市场 0.5 倍的价格向贫困户收购高粱，这

作者在岩博酒厂调研

样村民们从种植高粱开始受益，在酒厂有股份，在酒厂上班有工资，还开展种植、养殖等生产经营，形成一条完整的生态产业链和致富通道，提供了全村人民的收入。

一个人富不算富，大家富才是真的富，岩博村富起来了。可看到周边的苏座村和鱼纳村的村民还在为温饱犯愁，我又在想：怎么才能让这两个村的百姓也摆脱贫困。我大胆向上级提出联村建设的想法，得到支持后我们迅速组建了联村，利用企业发展优势，帮助苏座村和鱼纳村的村委会和村民贷款融资入股岩博酒业。2019 年，岩博酒业的人民小酒销售额达 4 亿元，解决了岩博周边 700 多人的就业问题，带动联村 1012 户 3650 人脱贫致富，让村民享受零风险入股、高效益回报的发展成果。

岩博村周围的煤矿不少，酒业做起来了，工作之余吃饭聚餐不能没有好的去处。我一户一户地到没有上班也不愿外出打工的村民家里做动员，鼓励大家摒弃"等、靠、要"的懒穷思想，因地制宜，结合自家情况把农家乐做起来，靠自己的双手在家门口脱贫。通过农家餐饮、农家垂钓、农家民宿观光等实现了"人人有事干，户户能分红，家家奔小康"的目标。

在乡村振兴蓝图下，农村发展一路向好，不少外出打工的岩博人回乡就业。有的办起了山庄，有的加入了合作社，有的开起了小超市……岩博的日子越过越红火，岩博人不再东奔西走外出打工，昔日的空心村已经成为历史，今天的岩博村正欣欣向荣。

岩博的路还很长，故事还很多，我愿为岩博人的幸福奋斗一生，愿意用自己的热度和力量去温暖这片故土。

（贵州省智力支边办　整理）

三代文史人的跨世纪工程

——《西安事变历史资料汇编》编辑出版纪实

杨　瀚[*]

事 情 起 因

1936 年 12 月 12 日，时任西安绥靖公署主任兼十七路军总指挥的杨虎城将军，联合西北"剿总"副总司令兼东北军统帅张学良将军为挽救民族危亡，在西安发动"兵谏"，扣押蒋介石，迫使其改变"攘外必先安内"的政策，停止长达十年的"剿共"内战，为抗日民族统一战线的建立奠定政治基础。此事件被称为西安事变。

西安事变直接改变了中国历史的走向。事变的起因、策划、发动、解决等史实，多年来一直是社会和史学界关注研究的重要课题。由于事变的策划、决策极为机密，事前仅在杨虎城、张学良两人间进行，酝酿过程也仅为在他们身边工作的几人知晓一些。事变后张学良先被软禁，后杨虎城又被关押；七个月后抗战全面爆发，抗战胜利接着又是三年内战，直至新中国成立。在近 20 年间，西安事变的史实人们根本无暇顾及，似乎已被

---

　　* 杨瀚，杨虎城之孙，第十一、十二届全国政协委员，曾任全国政协文史和学习委员会办公室副巡视员。

淡忘。20 世纪五六十年代，西安事变这个历史话题突现在中国香港、中国台湾和北京，又被人们关注。

事情是这样开始的：1955 年，当时身在香港曾作为宋子文随员与宋同赴西安参与谈判的郭增恺，出于对其长官杨虎城（郭曾任杨的高级参议）被害的不平和对张学良处境的关切（当时香港传有张也被害的消息），在香港《热风》杂志上连续发表了数万字题为"一个没有交代清楚的问题——西安事变十八周年感言"的连载文章，使沉寂多年的西安事变以新的视角与内容突现于世。此文一出，海内外反响空前。首先是蒋介石着急了，他立刻布置对张学良加强管束：不准收听中共广播，不准同警卫人员接近。在这两项高压措施实施后，他又下达了让张学良写一篇《西安事变同共产党勾结经过的事实》文章的指令。

1956 年 12 月 18 日，张学良将自己写的《回忆西安事变》呈送给蒋介石。隔日，蒋令人将郭增恺的文章转给张，同时下达要张在回忆录中加以驳斥的新指令。蒋说："这篇东西（指郭文）对我们俩都有关系，必须有以辟明以示后人。"而且"需要甚急"。为完成蒋的任务，张学良将回忆录改写了两小段，同时还另写一份说明他与郭增恺关系的文章来交差，此后张学良又照蒋介石之命陆续撰写了一些围绕西安事变的文章。20 世纪 60 年代初，这些文章的内容通过不同渠道传到大陆，在相关人士中也引起震动。一些人出于对张学良的热爱，根本否认张学良回忆文章的真实性，认为完全是台湾当局的伪造。还原历史、找出真相成为人们关注的核心。

1961 年 12 月，时任全国政协主席、国务院总理的周恩来，在纪念西安事变 35 周年纪念活动中接受我父亲杨拯民（杨虎城之子）"趁现在参加事变的一些人还活着，应该请他们把事变的真实经过写下来留给后人"的建议，于 1962 年成立以中央统战部部长李维汉为组长的西安事变史领导小组，小组成员有刘鼎、南汉宸、高崇民、赵寿山、杨明轩、阎宝航、刘澜波、王炳南、吕正操、申伯纯等人。办公室设在全国政协文史资料研究委员会。从那时起，全国政协开启了收集整理西安事变历史资料的历史工程。当时，各地政协对这项工作都很重视，向在大陆地区参与事变的各界人士开展广泛的史料征集工作。这些亲历、亲闻事变历史的人士对此事的热情非常高涨，许多人亲自动笔回忆当年事变的点点滴滴；有的人没有写作能力，当地政协文史部门就组织人力帮助他们记录整理成回忆文章。经过约 3 年时间的征集，初步形成一批非常有历史价值的关于西安事变的历史资料。

遇乱、重启

1966 年夏，就在小组办公室不断征集史料、对收到的资料进行分类整理时，"文革"开始了，这项工作也因此停顿。为保存这批珍贵史料，从全国政协到地方政协、民主党派的许多人员都做了不懈的努力。时任陕西省政协副主席和省民革、民盟主委的王菊人（曾任杨虎城的秘书主任）为了保护收集到的史料，带领民革工作人员在办公室的房间里专门砌了一个夹壁墙，将资料藏于其中，直到"文革"后才拿出。

经过十年浩劫，到 1979 年时原全国政协西安事变史领导小组成员大多在"文革"中被迫害致死或病殁了，仅有刘鼎、刘澜波、王炳南、吕正操四人健在。"文革"中，已收集到全国政协的资料被封存，绝大部分保存了下来，但也有少部分资料流失到社会私人手中，如杨虎城旅美欧日记、十七路军陈中日记等。流入社会的资料，前几年有人曾想高价拍卖，被全国政协及时制止，但资料至今还未能被追回。

1979 年，全国政协西安事变史领导小组恢复工作，成员有刘鼎、刘澜波、王炳南、吕正操、栗又文、解方、平杰三、童小鹏、宋黎、杨拯民、汪锋、阎揆要、孔从洲、高扬、史永等。该小组收集了大量亲历事变者的回忆文章，编辑出版《西安事变亲历记》等一批文史资料书籍。1986年，编写出版《西安事变简史》，形成大陆方面对西安事变的基本观点与初步论述。领导小组 1986 年后停止工作，所收集的资料存入仓库。由于当时国共两党还处于敌对状态，张学良没有获得自由，使得有关事变的真相与资料不能得到充分地公开与运用，同时受到当时政治形态的限制，一些历史事实不能公开。因此，当时有关西安事变资料收集与研究不够充分。

不 懈 努 力

进入 21 世纪后，海峡两岸关系有一定改善，为进一步收集和研究西安事变资料提供了非常有利的时机。同时，宋子文档案、张学良日记与口述历史、蒋介石日记、台湾若干历史档案以及苏联及共产国际档案的陆续开放，为西安事变这个老历史课题提供了丰富的新史料。

收集研究西安事变资料，是为了让人们了解我们的先辈们如何在国家民族危亡之际，以民族为上，牺牲自我，拯救国家；让人们了解中国人民争取民主的不懈努力与探索；使人们了解中国与世界反法西斯斗争的关系；使人们了解社会矛盾与危机处理的历史经验；也可以使人们了解国共两党的历史特性，为今后关系的发展提供借鉴与参考；让这个重大事件能以比较清晰的事实公布天下，可以为国家的统一、中华民族的振兴作出积极的贡献。

基于以上动机，我于 2008 年 4 月向时任全国政协文史和学习委员会驻会

杨 瀚

副主任卞晋平同志递交了《继续开展西安事变历史资料收集与研究的建议》。卞主任很赞同，将此报告逐级报送给时任全国政协领导。贾庆林主席、王刚副主席很快作出批示，并于 2008 年 10 月成立以时任全国政协文史和学习委员会副主任崔占福为组长的西安事变资料收集与研究小组。该小组由 11 人组成，大部分是当届政协委员，也吸收有关历史学家和西安事变的研究专家参加，他们是：组长崔占福；副组长黄小同、杨瀚、李松晨；成员马志伟、胡希捷、李大壮、王晓秋、陈力、杨天石、米鹤都。该小组在全国政协文史和学习委员会领导下工作，设办公室负责具体工作，由我任主任。

工 作 情 况

新成立的西安事变资料收集与研究小组（以下简称小组），根据当时的形势与社会条件，确定了工作重点：一是清理、整理已收集的资料；二是收集海内外相关资料馆、档案馆的相关资料以及流失在民间的资料；三是促请有关方面开放有关西安事变的全部资料；四是编辑出版有关西安事变的资料汇编，完成前辈人未尽的文史工程。由此，小组开展了以下工作：

（一）整理收集已公开或未公开的有关西安事变的资料。如全国政协文史委编辑的《西安事变资料》（未公开发行），公开发行的如《亲历西安事变》《文史资料存稿选编》，人民出版社出版的《西安事变资料》（全2 册），中国档案出版社出版的《中国共产党关于西安事变档案史料选编》等一大批资料。

（二）小组多次赴台湾地区及海外收集相关资料。如台湾"国史馆"出版的《西安事变史料》、国民党党史会编撰的《革命文献》；抄录了一批陆续公开的档案资料；我自费到美国斯坦福大学收集、抄录了宋子文档案中有关西安事变的内容；在当代中国出版社出版《张学良口述史》之际，我们收集到张学良亲笔书写的《回忆西安事变》图像版，将此内容编辑在了"汇编"中。

（三）小组分别赴南京、西安等地，并争取到中央档案馆的大力支持，公开了一批新的历史档案。从陕西省政协出版的《陕西省文史资料精编》中选取了一批重要史料。

（四）在收集到大量资料的基础上，在国家图书馆利用部的支持下，组成了由我负责，黄小同、米鹤都任副主编，徐燕、朱宇凡等七人任编辑的编辑小组，将资料按照历史内容分成五个部分，即电文，书信、报告、日记，文告、决议、讲话，回忆录，报刊文章等。

西安事变涉及国内当时的诸多政治力量，大多是国民党方面的。反映国民党军政人物的历史资料多保存于台湾、香港地区的档案和书籍中。此次收集资料的范围较宽、内容比较系统，只要是涉及事变的史料和当事人的亲历回忆，都尽量收集，以求反映事变的全貌。西安事变的亲历者大多已辞世，一些人所撰写的回忆录，有的已再版过多次，但有些不同年代版本的内容不太一致。从尊重作者的本意出发，一般只收录作者生前的版本或手稿的内容。有些回忆内容甚至与史实有较大出入，作为第一手资料收入时均未作改动。出于对历史的尊重，本书按原稿收录。我们在编辑过程中，坚持以辩证唯物主义和历史唯物主义为指南，遵循求实存真的原则。本书文章的标题，一般为原标题，凡原件无标题或标题不确切的，均为编者所拟或修改。本书对所收资料的时间、人名、事件等均做了初步考证并加简要注释。鉴于其中很多文稿、电文撰写、译出当时处于十分紧张危险的状态，有许多错字、别字及文理不通的问题，我们采取尊重历史、尽量保持文稿文电原貌的方法。

我们努力把历史从档案库和史学家个人的抽屉里解放出来，使"汇编"从一般的文史资料层面上升到一个既有参与事变者的"三亲"资料，

《西安事变历史资料汇编》书影

更有极丰富的历史档案、文献，使多说并存，各党派资料、国内外资料并现，为世人、后人提供一个了解、认识、分析研究西安事变的历史资料平台。

经过三年多的努力，在2012年上半年完成资料的梳理与分类；当年9月形成提供给出版社的文稿；10月与中央文献出版社签订出版协议，之后便是漫长复杂的审核过程。在这个过程中，中央统战部、中央台办、国家新闻出版广电总局、中央档案馆对此书都非常重视，提供许多工作便利，从而保证"汇编"的出版。中央文献研究室的工作人员对"汇编"中的相关内容进行认真的审核，中央文献出版社的同志本着精益求精的精神，认真负责地进行编辑。

这套拥有400多万字，能够基本反映西安事变历史的《西安事变历史资料汇编》终于在2017年9月在中国大陆地区出版发行，10月份又发行到台湾地区。这个由周恩来亲自确定建立，在他和邓颖超、贾庆林、俞正声等数届全国政协主席的领导下实施的中国近代文史工程，经过三代文史工作者的不懈努力，历时55年终于完成了。这一过程与成果的取得是爱国统一战线思想的一次重要实践与胜利，也是人民政协70年历程中一件值得记载的事情。

2019年4月

钱伟长与历史文物保护

卫元琪 *

1993 年全国政协八届一次会议上，钱伟长（我们尊称其为"钱老"）再度当选全国政协副主席，兼任全国政协教育文化委员会主任。我当时正在这个委员会的办公室工作，有幸亲历了钱老领导这个委员会开展文化工作的全过程。其中，跟随钱老调查"三峡文物保护工作"与"历史文化名城保护工作"的情景令我至今难忘。

年过八旬亲自率队调查三峡文物保护工作

长江流域和黄河流域都是中华民族的发祥地。先民们在绵延 600 多公里的长江三峡两岸繁衍生息，留下了深深的印记：200 万年前的巫山猿人、大溪新石器文化、夏商文化遗存和春秋战国时期巴人遗迹、秦汉至明清大量的古墓葬群、独具特色的古民居等，形成了三峡地区独立的文化发展体系，成为整个中国考古学文化链条上不可或缺的环节。

1992 年 4 月，当七届全国人大五次会议决定兴建三峡工程后，如何抢救和保护好这如此广阔区域内丰富的文化宝藏，立即成为举世瞩目的

---

* 卫元琪，曾任全国政协民族和宗教委员会办公室主任。

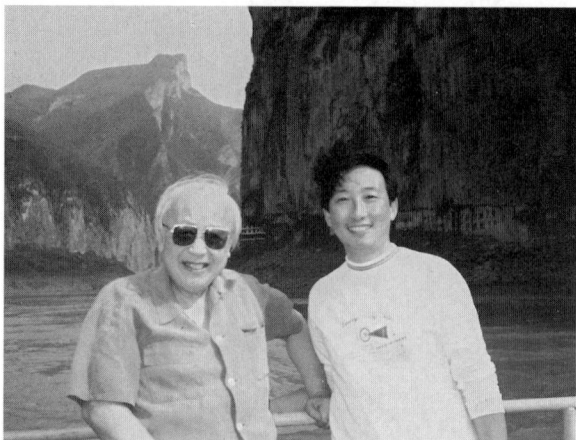

1993 年，钱伟长先生（左）与作者在"三峡文物抢救和保护"调研途中合影

问题。可以说，做好这方面工作，对于树立三峡工程的良好形象，探寻与弘扬我国优秀民族文化，增强海内外各民族同胞对伟大祖国的认同，都具有重大的意义。

1993 年 6 月，钱老担任全国政协教育文化委员会主任后不久，时任全国政协教育文化委员会委员、国家文物局局长张德勤急切地向钱老汇报了关于三峡文物保护工作的情况。当钱老了解到，三峡文物保护工作的规划及经费匡算要在 1994 年底前提交，但要编制规划和匡算所必须开展的文物普查、重点勘探、试掘、测绘、保护方案的论证等前期工作尚未明确经费数额及其来源，一切工作都无从启动。同时，工程施工与文物保护工作之间的矛盾日益凸显，在三峡库区移民迁建新城址上，已经发生文物遭破坏的现象。问题复杂，形势严峻，时间紧迫，钱老当即决定亲自带队，赴四川、湖北两省三峡地区进行实地调查。

1993 年 9 月 24 日至 10 月 8 日，年过八旬的钱老率领由全国政协委员、著名文物专家、国家文物局和国务院三建委办公室负责同志以及新华社、中央电视台、光明日报社等媒体记者参加的近 40 人的调查团，自重庆一路乘船至宜昌，沿途考察了三峡淹没区 11 个城市的 22 个重要文物点，召开了多次不同类型的座谈研讨会。就连 10 月 1 日国庆节当晚 9 点半钟，还安排了座谈。当时，我在调查团里主要负责起草调查报告、做会议记录等文秘工作，所以必须时刻紧跟在钱老身边，听取各方意见，了解他的想法。十几天下来，钱老基本是船一靠岸就上山，船一启航就座谈，对每一处重要文物都仔细查看、认真研究。他那种对历史、对人民、对国家极度负责的精神，以及解决各种难题的科学方法，使我和所有参与调查的同志都深受教育。

"我们几千年的文化就是我们的力量，我们要依法治文物"

制止局部地区出现的破坏文物的现象是钱老关注的首要问题。

在调查团抵达重庆的第二天，一上船他就召开全体人员会议，听取地方政府和文物部门的汇报。针对破坏文物的现象，他尖锐地提出一连串关于如何运用法律保护文物的问题，严厉批评有法不依、执法不严的现象。接下来，每到一地，钱老都要结合当地历史文化特点，阐述保护好历史文物的重要意义。他深刻指出，现在我们一方面要搞好经济建设，一方面也要让我们的孩子们知道，我们这个民族是历代人经过千辛万苦才达到目前这样一个地步的。保护和利用好历史文物不仅仅是个物质方面的问题，也是个精神上的问题。我们要拿历史文物所包含着的优秀的民族精神来教育我们的后代。他反复强调，我们几千年的文化就是我们的力量，我们要依法治文物。

钱老的思想引起所到地方的领导、调查团全体成员对此问题的高度重视。负责三峡工程建设任务的三峡工程开发总公司时任总经理陆佑楣同志，听了钱老的讲话后表示很受教育，当场作出三点承诺：第一，要在公司内成立文物保护机构，教育公司全体成员真正重视文物保护工作；第二，今后公司与施工承包单位签订合同时，都要增加保护文物的条款；第三，在工期安排方面一定要同文物考察队配合好，在重点文物保护地区，工程方面可以作出让步。全程随团调查的三建委移民开发局负责同志，边调查边与本单位沟通，10月8日调查结束当天，三建委移民开发局就向湖北、四川两省三峡库区各级移民部门下发了《关于做好三峡工程库区文物保护前期工作有关问题的通知》，对三峡淹没区和安置区文物的保护工作提出了九条要求。后来的事实证明，这些措施都发挥了重要保障作用。

"要把功夫下在解决实际问题上"

世界闻名的涪陵白鹤梁枯水题刻，是一道长约 1600 米、宽约 15 米的天然石梁，上面刻有自唐广德元年至 20 世纪初 1200 年间 72 个年份的枯水情况记录，为三峡工程设计提供了科学的水文资料，有"世界第一古代水文站"之称。因其上面刻有出自 300 多位历代名人之手的 3 万余字的诗词铭文，又有"水下碑林"之美誉，具有极高的科学、历史和文化价值。如何妥善保护与合理利用这一珍贵文物，是调查团重点研究的课题之一。围绕这个问题，大家讨论了几次，主要强调了白鹤梁的文物价值和保护的重要性，提出了白鹤梁不能移动和不能离开水的基本原则，对于具体保护方案谈得并不多。

9 月 26 日，钱老再次召开专家会议研究白鹤梁的保护方案，罗哲文、郑孝燮、黄景略、谢辰生、傅连兴、陈淮等著名文物专家以及时任国家文物局副局长张柏和三建委有关部门负责同志都在场。会议开始不久，全国政协委员、历史学家梁从诫问钱老，我这个非专家可不可以说两句？引得大家都笑了。梁从诫提出，白鹤梁既然不能移动也离不开水，那么索性等到水库水位提高后就让它泡在水里，外面搞一个透明的走廊以方便人们观看，这样既可保护又可利用。这个想法立即引起钱老的注意。他对梁从诫说，以前有人说把东西罩在"笼子"里头，你现在说的是给人做一个"笼子"，你这个想法目前在座的各位专家还没有说过，这是一个新的思路。接着，钱老对大家说，关于白鹤梁的价值大家都已经认识到了，所以不必再谈了。我们来调查的目的是为了解决问题，要把功夫下在解决实际问题上。老梁的想法有新意，大家也可以再集中精力想一想，比较比较，拿出个具体方案。最终，大家普遍肯定了梁从诫的想法。如今，保护白鹤梁采用的正是这个做法。

"政协的特点就是协商"

统一各方面认识，解决前期工作必要的经费，推动尽快开展前期工作，是做好抢救和保护工作的关键性问题。为切实解决问题，钱老采取个别谈、分部门谈、一起谈、请各部门之间谈等多种做法，反复沟通协商。他明确指出，政协不作决策、不下命令，我也不作指示，请大家来是想一起商量出个解决问题的办法，政协的特点就是协商。他反复强调，三峡地区需要保护的文物比我们事先了解的要多很多。保护文物可以有很花钱的办法，也可以有少花钱的办法，这要看具体情况。目前我们国家在经济上是困难的，做计划要压紧一点，我们不能打宽账，还是要打紧账。前期工作经费如一时有困难可以分期拨付，但启动部分要在年底前到位，以保证前期工作尽快动起来，不然就来不及了。经过反复沟通协商，最终各方面达成了共识：一是肯定了重点抢救、重点保护的总体原则；二是明确了文物部门必须于年底前启动前期工作；三是达成了由三建委方面安排前期工作资金的意向；四是商定了前期工作所需经费的基本数额。

1993年11月，全国政协教育文化委员会向中央报送了调查报告《关于三峡文物抢救和保护问题的建议》。中央领导同志高度重视报告反映的问题和所提建议，多位领导同志作出重要批示，有力推动了这项工作。一个月后，国家文物局调集了全国几十个文物单位和高等院校的文物工作者奔赴三峡，开始了紧张的前期工作。从此，拉开了历经10年、投资20多亿、数千考古工作者参与的三峡文物抢救和保护工作的序幕。

2006年5月20日，三峡大坝宣告建成。同时，文物部门专家宣布，中国有史以来规模最大、影响最广、参与人员最多的三峡文物抢救和保护工程，按照相关规划，已顺利完成阶段性目标。

看到三峡文物抢救和保护工作取得丰硕成果，作为这项调查工作的亲历者，我对钱老更加充满敬意！我们不应忘记，钱老为抢救和保护三峡文物付出了极大心血，作出了卓有成效的贡献。

致函朱镕基总理，呼吁国家设立保护历史文化名城专项资金

我国历史文化名城的保护始于 1982 年，但是中央一直未列专项资金，有关保护政策在一些地方难以贯彻落实。1994 年 10 月，全国政协教育文化委员会组成"历史文化名城保护情况调查团"，82 岁的钱老再一次亲自担任调查团团长，对苏州、杭州、泉州、福州等四个国家级历史文化名城进行了调查。

1994 年，钱伟长先生（左三）率"历史文化名城保护情况调查团"开展调研

"历史文化名城保护情况调查团" 合影

当看到一些地方在旧城改造和房地产开发的大潮中存在破坏历史文化名城的情况时，钱老非常痛心。尤其是在考察苏州园林时，当看到园林大多被街道的小工厂给占了，历史面貌和文化内涵荡然无存，他深感惋惜。每到一地钱老都大声疾呼"历史文化名城的发展一定要重视文化"！有一天，考察团走进一个园林，钱老指给我看身旁的一间小屋，那竟是他中学时读书的地方。一时间，我发现钱老眼里闪出了孩子般愉悦的光亮，那是他对这片乡土深深的眷恋。他饶有兴致地同我讲起这里的往事，说起早年无锡的老屋，提起了陶葆楷、任之恭……

调研结束后，钱老亲自致函时任国务院总理朱镕基同志，建议国家设立保护历史文化名城专项资金，并健全相关法规，藉以昭示国家对历史文化名城保护工作的重视和支持。朱镕基同志高度重视，很快作出批示，采纳了钱老的意见。

今天，中国特色社会主义进入了新时代。以习近平同志为核心的党中央进一步高度重视保护历史文化遗产。2014 年，习近平总书记在主持十八届中共中央政治局第十八次集体学习时深刻指出，历史是人民创造的，文明也是人民创造的。对绵延 5000 多年的中华文明，我们应该多一份尊重，多一份思考。他强调，怎样对待本国历史？怎样对待本国传统文化？这是任何国家在实现现代化过程中都必须解决好的问题。他告诫全党，中华优秀传统文化是我们最深厚的文化软实力，也是中国特色社会主义植根的沃土。党的十九大进一步将"加强文物保护利用和文化遗产保护传承"作为坚定文化自信的一部分写进报告，使之成为习近平新时代中国特色社会主义思想的组成部分。这是国家之幸、民族之幸、人民之幸！

2019 年是人民政协成立 70 周年，记录人民政协和政协委员为保护和传承中华民族优秀历史文化履职尽责的事迹，同样是每一个政协人应尽的责任。前事不忘，后事之师。祝愿新时代人民政协在以习近平同志为核心的党中央领导下，能够在继承传统的基础上，不断创新发展，为实现中华民族伟大复兴的中国梦作出更大的贡献！

2019 年 6 月

恩师费孝通

丁元竹[*]

我第一次见到恩师费孝通教授是在 1987 年的冬天——那是改革开放第 10 个年头,改革发展如火如荼,各地乡镇企业蒸蒸日上。

当时,我正在山东大学社会学系主任徐经泽教授指导下攻读农村社会学硕士学位。徐经泽教授参与了费孝通教授主持的"城乡一体化课题研究"。这个课题组由一批中央和地方政府的政策制定者和研究者、科研院所的学者组成。那年冬天,我跟随徐经泽先生参加由费孝通教授主持的"城乡一体化课题研究"会议,会议在北京大学西南角马路对过的畅春园饭店举行。从那之后,我决定报考北京大学社会学系的博士研究生。1988 年秋天,在徐经泽教授的鼎力推荐下,我如愿以偿进入北京大学社会学系,在费孝通教授指导下学习城乡社会学。

入学北大,费老指导我博士论文写作

我虽然考的是北京大学社会学系,但我学习和研究的基地是北京大学社会学研究所(后更名为社会学人类学研究所)。社会学所当时有两个研

---

[*] 丁元竹,第十三届全国政协委员、文化文史和学习委员会委员,中共中央党校(国家行政学院)教授。

费孝通

究室，一个叫城乡发展研究室，简称城乡室；另一个叫边区开发研究室，简称边区室。我在城乡室学习和工作，主要是研究乡镇企业和小城镇问题，后来随着实践的发展，又将研究空间拓展到了区域和城市的研究。边区室主要是研究边疆地区以及西部地区的发展，诸如西藏、内蒙古、甘肃、宁夏等。研究所聚集了一批研究人类学的教授、博士和博士后。回想起来，那个时候，大家关注问题的意识要多过关注学科分界，这可能与费孝通教授本人关注农村发展、边疆开发、国家富强有关。

从 1988 年到 1991 年，我在费老指导下攻读博士学位。1988 年费老已 79 岁，同时还担任全国人大常委会副委员长。尽管公务繁忙，但他对学生的培养和教育高度重视。当时费老对学生的教育培养途径主要有两条：一是他新写的文章在发表之前经常要我们研读、提建议，有时也一起座谈，这的确是一个深入学习和思考的过程；二是带我们出差。因为我是学习城乡社会学的，跟随费老去的地方主要是东部和中部省份，如江苏、浙江、山东、河南等，后来也去过陕西等地。在出差途中，一方面我们在火车上与费老交流，听他讲对乡镇企业和小城镇的认识和思考；另一方面跟随他实地观察乡镇企业和小城镇的发展，亲历了那个时代乡镇企业和小城镇的实践探索、心路历程和理论研究。

攻读博士期间，由于一些原因，特别是根据老师们从整体上对研究所和社会学系学科布局的考虑，希望我以研究费孝通的著作和生平作为博士论文。将这个想法报给费老时，先生感觉这样的研究可能会有一些问题。这里，我把费老对我的论文所作的评语转录如下，从中也看到他对我——他的学生来研究他本人是有顾虑的，也有考虑，并做出整体的安排。

　　指导博士生研究自己的学术思想和为学方法本身是种尝试。我先得讲一下我作为丁元竹的导师怎样决定这个研究题目的。我有一种想法：一个想踏进社会学这门学科，希望在这门学科中能做出一点学术上贡献的人，最结实的学习方法之一是在对社会学有了概括的初步认识后，挑定一个在这门学科中有一定成绩的学者，把他一生所发表的著作，有系统地阅读一遍，追踪他思想发展的经过，然后把各阶段的思想放入各时期社会学发展的总过程中看出这个学者的地位和特点，再把这些变化和特点放进他所处的历史背景中去研究他这种思想所发生的社会历史原因和其所发生的历史效果，我所主张的这种学习方法是我在自己的学习中摸索到，但并没有系统地这样做到。所以，很想找个年轻人来试一下，丁元竹愿意接受这个学习方法并同意作一个试验。这篇论文是这个试验的结果。

　　丁元竹挑选我作为研究对象是出于他自己的主意，在同意这个题目之前，我考虑到由我来指导做这篇论文的导师是否合适，一个导师指导一个博士生研究自己的学术思想有利也有弊，有利是在导师作为活标本有条件可提供所需要的活资料。一个学者对自己的学业有比别人更熟悉的一面，他可以提供别人不易提供的资料，但有弊也就在这一点上，一个学者对自己也有被自我意识所影响而看不到或看偏了的一面。而且导师和博士生的关系也存在着两面性，既有左右学生思想的一面，又有培养学生独立思考和尊重学生自我发展的权利的一面。何况在现实的社会生活里，导师和学生的关系还不限于单纯的思想领域里的指导和受指导的关系。所以在选定这个论文题目之前导师和学生之间必须自觉地端正自己的态度，要求学生必须实事求是地对待资料，不受师生间的感情因素和社会因素的影响，同时要求导师对自己的学术思想采取客观的立场，不涉私会，不从偏好，导师既要引导学生端正态度，还要防止灌输主观的见解，为了保证双方主观方面的正确态度，我还建议学系主管部门在组织上采取措施，邀请韩明谟教授参与指导，不仅对学生起辅导作用，也对导师起监督作用，保证学生不唯上、不唯师，而能主动地独立思考。

这篇论文是在上述学习方法的指导下写成的。首先是着重在资料的搜集，尽可能地搜集到我一生的著作，并仔细地阅读，并作简要的提要，这是一项繁重的工作。由于我从 1930 年学习社会学以后就开始写作有关社会学的文章，直到目前还没有停止，已有 60 年，我自己保存的早年的著作，在"文革"期间已几乎全部烧毁，所以必须从各图书馆中去寻觅，劳动量是很大的，这一段工作的结果就是论文的附录《费孝通学历与著作提要》，这个附录本身是一项研究工程，也是一项研究成果，因为不仅是著作和论文的目录，而且包括了作者的年表事略，著作部分中还写了提要，这部分工作为论文本身打下了基础。

这个附录，可以说基本包括了我过去所发表的全部著作和文章。我加上"基本上"三字是因为有相当数量在抗战时期发表在当地报纸上的和刊物上没有署名的文章现在已无从认辨，无法列入这个书文目录里。

一个人的学术思想不可能不反映当时社会和政治的情况，而且也可以说是与一个时期的学术思想和当时的社会政治是密切结合的，是其中不可分割的部分，丁元竹在搜集和编排资料时已注意到这一点，在附录里每年都附上当时政治上的大事记，为后来分析我的思想时作出了准备。

丁元竹按照我在上面已叙述的研究程序，对我在已发表的书文中所表现的社区理论和方法进行了分析，我对他的结论将不加评论，只想对他在论文中所表现的认真为学的态度予以充分的肯定，同时也应当指出他不仅对我的社区研究理论和方法已有较深刻的理解，而且对同时期社会学界的中外学派也有了概括的认识，可以说他已踏进了社会学这个学术领域，在我看来，我早先提到的社会学入门方法是可行的。

我在阅读这篇论文时回想起在决定以我的社区研究的理论和方法作为研究对象时曾预见到的一个困难，这个困难发生在我自己认为我对这门学科只做到了一些探索的工作，我称作"破题和引路"的初步尝试，我这一生的志愿与其说是想建立一门学科，不如说想积累一些对我自己的国家的社会知识，也就是为科学地认识我们中国作出一些贡献。在"科学地认识"的过程中当然存在理论和方法的问题，就是说我离不开理论和方法去认识中国社会的。理论和方法，我一直看作是达到我的目的——认识中国的工具。要建立一门学科，依我现有的理解说，就需要一套有系统的理论和方法，而且要能用易于为人所理解的语言表达出来，由于我并没有以此为目的来进行我的思想活动，或说学术活动，在我过去所发表的书文中是不容易看到我对理论和方法有系统的叙述，由于这个原因我很担忧这篇论文可能不容易写好。

经过丁元竹的尝试，他在我的著作中看到了没有经我自己用明白的语言表白的理论和方法，通过他的"再创造"，特别是和其他学者的理论和方法对比时，有些包含在我研究实践中的理论和方法，用语言表达了出来，这是他的成绩，当然这也说明任何反映实际的认识，在认识过程中是不会没有"理论"和"方法"的。

把研究实践里包括着的理论和方法明白而有系统地表达出来，在学习运用这些工具的人是有帮助的，我心目中的"学科"就是学习的科目，那就需要用简单易懂的语言把前人探索和积累知识所运用的理论和方法有系统地表达出来。这是学科建立的工程。我在指导这篇论文过程中产生了一种自责的内疚感，因为我并没有满足要求我建立社会学这门学科的人的希望。当然，我在这一生中能否满足这个希望是个很难说的问题：一是我有没有这种自觉的要求，二是我有没有这种能力，三是在今后的一段时间里有没有在中国建立起这门学科的具体条件。我至今还是这样想，先有实践才能有学科；只有在实践中行之有效的理论和方法，才能有用语言表达出来的理论体系，即一门成熟的学科。

我在这篇论文的译语中写下在指导这篇论文过程中得到的体会，也许不能说是"出格"或"多余"。因为我把这篇论文作为指导博士生研究导师本人的学术思想的尝试。对这篇论文的评语也就是对这种尝试的评语，作为这个试验的设计者，和作为这个试验的当事人，我觉得我应当把经过这次试验得到的体会，如实地写下来。我自己觉得这次试验是成功的。

至于对这篇论文的水平来作评语，我认为应当说达到了博士学位的要求。他不仅通过这篇论文的编写，得到了一次有规定程序的研究实践，在实践中表现出了认真为学的态度，和付出了大量的劳动，在探索导师的理论和方法的过程中，他进行了"再创造"的工作，而且熟悉了许多中外社会学者的理论方法，这些都达到了博士的水平。

我建议授予丁元竹社会学博士的学位。

费孝通

1991 年 6 月 2 日

在写这篇博士论文评语的时候，费老已经 81 岁了，这是一份 6 页的评语，对论文的背景、写作、特点、不足都做了详细分析，对论文进行了整体评价，字迹密密麻麻，实属不易。这些年，我自己也带学生，感觉从来没有对一份学位论文作出这么翔实的分析，写出这么大篇幅的评语，每每看到先生的评语手稿，心里总有惭愧的感觉。老一辈学者的治学态度、治学风格和学术责任值得吾辈学习。

由于年龄的原因，评语中有一些笔误，比如说，我的名字在前半部分

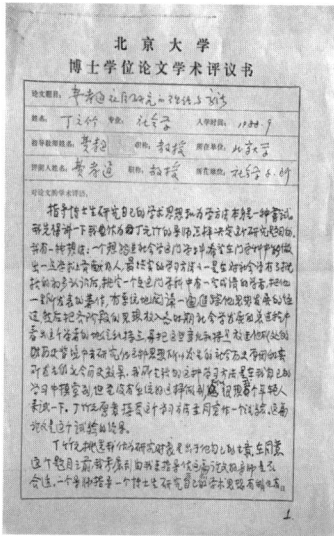

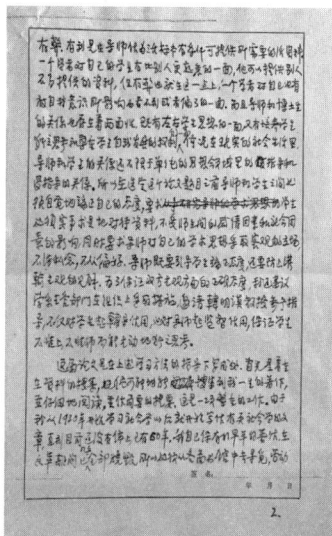

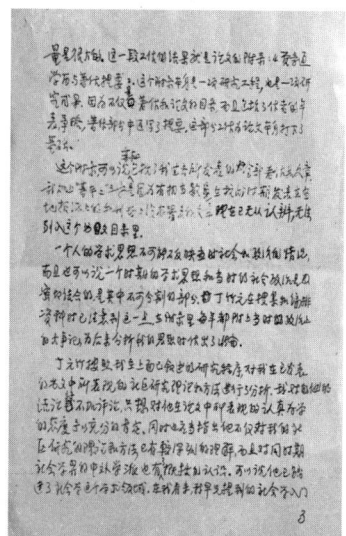

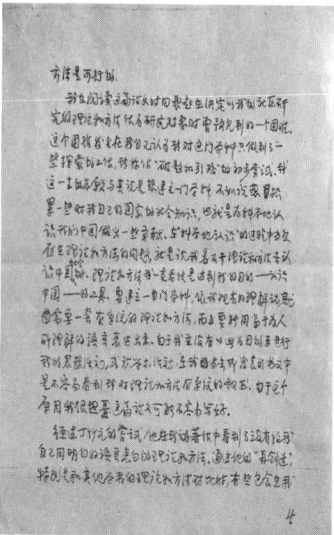

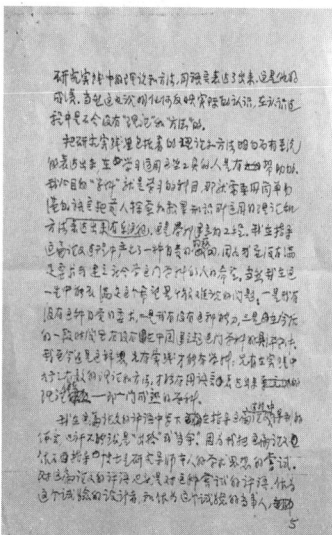

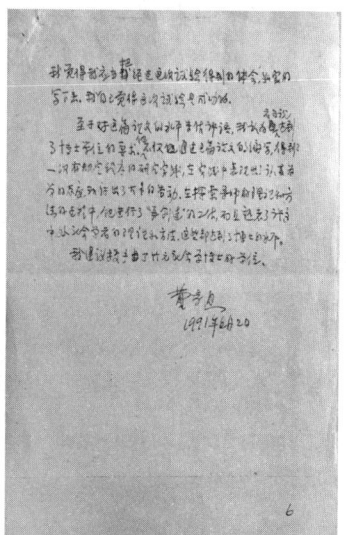

费孝通对作者的博士论文评语

用的是"丁元竹"，后面就写成了"丁竹元"，在先生这个年龄能写成这样的评语已经是相当不容易了，感动油然而生，为先生的治学精神所感动。每每看到这篇评语，总是想起先生慈祥的面容。

从1987年到1991年这段时间，我对费老的著作进行收集和整理，做了大量的基础性工作，应该说是一项非常艰苦的工作。

说这项工作艰苦，是因为当时费先生的著作，特别是早期的著作在国内还没有人收集、编辑（在国际上，美国哈佛大学费正清研究中心费正清先生的博士生阿古什（David Arkush）的博士论文《费孝通和革命中国的社会学》，对费孝通的著作进行了收集，也限于在美国和中国台湾地区开展收集工作），散布在各大图书馆的文献中。尤其是收集费孝通在 20 世纪 30 年代发表在天津《益世报》《北平晨报》以及 40 年代发表在《大公报》等报刊的文章，确实非常艰苦，我需要每天去北京图书馆用手摇的方式在缩微机器上寻找每一篇文章，这项工作大约持续了两年。

缩微翻拍下来的文章不清楚，需要辨认、抄写，我把这个时期所有在胶片上的文章抄写出来，用了大量的时间搜集和整理这些著作，之后又进行写作，形成了我的博士论文。大约在费先生去世五年之后，我把这篇博士论文整理出来并以《费孝通社会思想与认识方法研究》为题；交由中国社会出版社出版。

北京大学老图书馆，也就是现在的北京大学行政楼南边的图书馆，那里也有大量的早年文献，不能复印，只能抄写。我就每天去那儿抄写。这期间，我爱人江汛清女士也常常去帮我抄写。再就是到清华大学查阅，主要是想了解费孝通 1933 年到 1935 年期间在清华大学研究院读书时期的情况，包括他在史禄国[①]教授指导下进行的体质人类学研究和对人体测量情况。

在论文资料收集过程中，我访问了很多与费孝通有过联系、交集的先辈，包括费孝通的长辈、同辈、晚辈，包括著名作家、吴文藻教授的夫人冰心先生，林耀华先生，廖太初先生，袁方先生等，得到了他们的大力支持，他们也提供了很多有价值的回忆片段和观点。

从 1991 年到 1996 年，我留在北京大学教书，时常跟随费孝通外出调

---

① 史禄国，Sergei Mikhailovich Shirokogorov，С.М. Широкогорова，1887—1939。

研，调研途中经常问他一些问题，包括当代发展中的问题，也包括他的经历和我感到困惑的一些问题，他都一一做了解答。有一些我在书上看到的有关他的问题，也请他进一步澄清和说明，包括他的姐姐费达生的信仰问题、清华大学研究院期间测量头骨的数据和广西大瑶山人体测量的数据去向、与费正清先生的交往情况，等等，想起什么问什么，先生总是一一作答。

从"志在富民"到"文化自觉"，探索费老晚年思想转向

费孝通教授治学的鲜明特色是"学以致用"。早在从事社会学初期，针对当时学术界存在"为研究而研究"的倾向，他说："'学术尊严！'我是不懂的，我所知道的是'真正的学术'，是'有用的知识'。学术可以做装饰品（亦是功能），亦可以做食粮（亦是功能），若叫我选择，我是从食粮。"[1] 在后来的多次著述中他都指出学者不能为研究而研究，这种做法在中国社会科学研究中是要不得的，因为一方面从方法论上讲，为研究而研究是一种受到兴趣驱动的活动，为研究而研究的人，一旦兴趣不同了，就可以为不研究而不研究了。社会研究的目的旨在提供一套认识社会的工具。1936 年针对社会学中国化，他曾经写道："社会学在中国目前已遇到了一个转机。因为过去'美国式'的社会学已不能再获得社会上，甚至学术界的信用，连喘息在大学课程里的机会也发生了问题了。对于过去中国的社会学怀疑是很合理的，因为在过去十几年中，'社会学'并没有对于了解中国社会及改造中国社会有过任何显著的贡献，一个对于民族的生存上没有价值的东西，至多只能做个人的癖好，决不能在社会中站立得很久的。"[2] 20 世纪 80 年代，他又以类似的语言批评了那种流行于西方人

---

[1] 费孝通：《费孝通全集》第二卷，内蒙古人民出版社 2009 年版，第 34 页。

[2] 费孝通：《费孝通全集》第一卷，内蒙古人民出版社 2009 年版，第 479 页。

类学界的以人类学来消磨时间或表现才能的研究取向。在他看来学术研究的价值在于"用得到的知识来推动中国的进步",否则它无异于游戏和玩麻将。"志在富民"是费孝通学术生涯的内在动力。

1983 年,在江苏省组织小城镇问题研究时,他对课题组的同志说,一定要坚持研究在先,政策在后,研究者不能供给正确详尽的事实,是研究者的不能尽责。在他看来,学者就是要为政策制定者提供扎实的理论和事实。

1979 年,在中央领导同志的支持下,费孝通领衔在中国恢复社会学。恢复社会学初期,费孝通就明确提出中国社会学的发展路径,"我们建设社会学的方针,正如乔木[①]同志所讲的,有三条:一是以马克思主义、毛泽东思想为指导,这是我们的理论基础和方向;二是结合中国实际,这就是说要有我们自己的内容;三是为现代化服务,这是我们建设社会学的宗旨。"[②] 作为中国社会学的领衔人物,费孝通把为现代化服务作为社会学建设的宗旨。像中国的改革开放一样,社会学在过去的 40 多年有了巨大的发展,与时俱进,参与了许多重大决策研究,发展出若干新的学科分支,拓展出若干研究领域,孕育出若干重大理论和思想,培养出若干在发展领域具有很大影响的学者。实践证明,社会学只有贴近中国的社会发展,为中国的现代化服务才有前途。

20 世纪末,回顾自己近一个世纪走过的路程,费老认为自己对于中国的社会调查在中国开创了一种新的社会科学的研究方法,即用实证方法、从研究者和研究对象的直接接触中吸取研究材料,进行分析研究取得理解,进而按照自己的认识想方设法去提高各民族人民对于自己发展道路的理解。这包括他晚年提出的"文化自觉"的思想。他在 2002 年写道,"我在提出'文化自觉'时,并非从东西文化的比较中,看到了中国

---

① 笔者注:胡乔木。

② 费孝通:《费孝通全集》第十卷,内蒙古人民出版社 2009 年版,第 342 页。

文化有什么危机,而是在对少数民族地区的实地研究中首先接触到了这个问题"。① 中国社会的出路根植于中国的历史、文化和现实,费孝通找到了探索这条出路的方法,那就是实地研究。

每当思考或者讨论社会和文化是一种什么样关系的时候,我总会想起在北京大学学习和工作的一段经历,或者说它是我思考问题的原点。在北京大学读书期间,我们学习和研究的小圈子里有一个惯例,就是费孝通教授每写一篇文章总会拿到北京大学,在有关研究人员和学生中传阅、学习、研讨,大家也可以提出意见。有时,费老不顾年迈,亲自到北大与研究人员和学生一起座谈、讨论。给我印象最深的是,他写的《人的研究在中国——缺席的对话》一文,那是对他伦敦经济学院的老同学埃德蒙·利奇爵士(Sir Edmund Leach)写的《社会人类学》(*Social Anthropology*,1982)的回应。在《人的研究在中国——缺席的对话》中,针对不同环境下文化的差异,针对当时世界文化在现实和学术领域的冲突,费孝通提出"从人类学社会学的角度看,世界上所有的文明都蕴含着人类的智慧,每一种文明都值得我们关注、研究,从中吸取营养"② 的态度对待不同的文化。这是他给我印象最深、对我影响最大的思想之一,那是 1990 年夏季。这个思想是费孝通从人类学角度考虑人类不同文化的和平相处、文化之间的平等问题得出的。

1992 年春,我随费老到山东曲阜,访问了"三孔"——孔府、孔庙和孔林。我清楚地记得,那天他在孔庙坐了很久。看得出,当时他是思绪万千。回到北京后,在北京大学社会学 10 年纪念会上发表讲话,他谈了访问孔林时的思考和感想,后来形成了著名的《孔林片思》。在这篇文章

---

① 费孝通:《费孝通在 2003:世纪学人遗稿》,中国社会科学出版社 2005 年版,第 151—152 页。

② 费孝通:《费孝通在 2003:世纪学人遗稿》,中国社会科学出版社 2005 年版,第 199—200 页。

中，费孝通认识到，海湾战争之后人们已经注意到战争造成了环境污染，认识到了人与地球的关系。这是生态问题。地球上是否还能养活这么多人，现在已经成了大家不能不关心的问题了。这是人与地球的生态关系，但最终还是要牵连到人与人的关系上来，反映在人与人之间怎样相处，国与国之间怎样相处的问题。这才是第一位的问题。这个问题现在还没有很好地被提出来研究，看来人类在这个问题上还没有足够的觉醒。这时，费老已经从对文化的思考进入对整个社会发展的思考，从社会发展这个更广泛的视角透视中国乃至全球发展，考虑环境公平和社会公平问题。

作为一个卓有成就的社会学家和思想家，费孝通从不脱离社会经济发展的大背景考虑问题，而是紧紧追赶时代步伐，与时俱进，不断探索。20世纪80年代，中国改革开放的总设计师邓小平同志提出了中国现代化分"三步走"的战略思想：第一步，从1981年到1990年国民生产总值翻一番，解决人民的温饱问题；第二步，从1991年到20世纪末使国民生产总值再增长一倍，人民生活达到小康水平；第三步，到21世纪中叶人均国民生产总值达到中等发达国家水平，人民生活比较富裕，基本实现现代化。到20世纪90年代初，我国人民已经基本解决温饱问题，开始向小康社会迈进。在这样的大社会背景下，费孝通在《孔林片思》中把他的文化思想进一步深化，提出了小康之后人与自然之间的关系变化不可避免地要引起人与人的关系的变化，进而到人与人之间怎么相处的问题。他把这种相处称为人的心态关系，他说，"为了人类能够生活在一个'和而不同'的世界上，从现在起就必须提倡在审美的、人文的层次上，在人们的社会活动中树立起一个'美美与共'的文化心态，这是人们思想观念上的深刻的大变革，它可能与当前世界上很多人习惯的思维模式和行为方式相抵触。"①

1993年7月，他在印度新德里参加英迪拉·甘地国际学术讨论会。

---

① 费孝通：《费孝通在2003：世纪学人遗稿》，中国社会科学出版社2005年版，第197—198页。

会上，他发表了《对"美好社会"的思考》的演讲，将其以往文化平等、环境公平和社会公平思想升华，形成"美好社会"的思想："20世纪最后10多年所发生的这些新事物值得我们深入地进行理解，其中是否得出一种看法，人类大小各种群体是可以各自保持其价值体系而和其他群体建立平等互利的经济和政治关系，只要大家不采取唯我独美的本位中心主义，而容忍不同价值信念的并存不悖。"① 政治平等、经济公平、社会公平、文化公平和环境公平等思想在这里得到进一步升华，成为他的"美好社会"思想的核心。

费孝通教授是一位有自己治学特色和治学风格的学者。几年前，我在参加北京大学社会学系系友会的会议上，听到北京大学的一位领导说，费孝通教授提出"各美其美、美人之美、美美与共、天下大同"的至理名言，价值之重要、意义之深远、影响之广泛，非学术论文能比拟。我理解这位校领导的言外之意是，学术评价应当追求多元化。在中国学术界，费孝通是一位有着自己鲜明学术特色的学者。

恩师对我的启迪

"真正的学术是有用的知识"，这句话源自费孝通教授本人，是他在20世纪30年代与友人讨论学术的意义和价值时提出的一个观点。我认为它至今仍有重要启迪。一场突如其来的新冠肺炎疫情成为全球重大公共卫生事件，给社会带来了巨大压力，也引发了诸多话题。一时间网络上各种信息云起，热点问题频现，其中引起我关注的话题之一是科技部和教育部联合发文破除SCI论文至上的文件，以及各界对这个话题的热议。在我看来，这个问题的实质是如何界定学术的目标、目的和学者的责任问题。

---

① 费孝通：《费孝通文集》第十二卷，群言出版社1999年版，第465页。

丁元竹

由此我联想到《乡土重建》中费孝通教授的治学风格。其实，这不是当前或者近一个时期的学术话题，而是一个困扰中国学术百年的重大问题。事情有时是如此巧合，《中南民族大学学报》主编哈正利教授来电话，希望我就论文做一些润色和增加一点内容。这样，我在原先《重读〈乡土重建〉》稿子的基础上，对整个论文的角度进行了调整，把题目改为《真正的学术是有用的知识》，我就想从这个视角谈谈自己对费老的《乡土重建》和他的治学风格，以及由此引申出的当前有关热点话题的思考。

记得我完成在北京大学的博士论文答辩时，费老对我说："小丁，你现在从北大毕业要做老师了，我送你六个字：著书、立说、立人。在北大教书，不著书自然立不住；有自己的著书没有自己的理论和观点，自然也不能立住；写了书，有了自己的观点，做人不行，最终要完蛋……"

30 年过去了，费老已作古，我也已从一名稚嫩的学生成长为大学教授，但是他当时讲话时的激动面容还深深印在我的心头，似乎就发生在昨天一样。在社会这所大学中研学至今，我已能深深体悟到先生当年的良苦用心。社会学者不仅要紧跟时代，更要回应时代之问，用知识对民族生存发展产生一些价值，以推动社会的进步。当然，要达到这个目标，离不开个人在其间著书、立说、立人的努力。而今，我不断循着老师的脚步，将自己理解的生活寓于自己的理论逻辑中，不断以经验丰富着理论的内涵，并且不断从实践中获得新知。

2021 年 8 月

高崇民指导我读史

尹西林 *

　　退休多年，写了不少名人轶事，且有幸在不少知名报刊发表，这与我喜读文史有很大关系。而这一爱好的启蒙者是曾任全国政协副主席的高崇民先生。

　　高老的次子高大庆，是我在海军工程大学的同学。大庆年长我两岁，他的专业是军械枪炮，我是无线雷达。

　　"文革"时期，军事院校停课搞运动，我们几个北京籍学员借此回家当起了逍遥派。我家和大庆家离得很近，我家在历史博物馆旁边，他家在北新华街翠花湾胡同①，互相串门频繁。那段时间全国政协也停止办公，高老赋闲在家读书，翠花湾成了我经常光顾的好地方。

　　高老是副国级领导人，其居所幽雅安静，是典型的京城两进四合院，进大门迎面是影壁，大庆住在外院南房。高老在正堂屋，西厢房住着长子——原华北军区炮兵司令员、炮兵学院院长高存信将军的家人。东厢房是高老的书房，摆放大量全国政协文件、期刊等资料。

　　无事到翠花湾与大庆天天闲聊，也有嘴巴疲倦没话可说的时候。那日，大庆带我去书房品茶。这是第一次进高老书房。哇，眼前好多的书哟！各

　　* 尹西林，国务院国资委退休干部。
　　① 位于今北京市西城区，胡同已拆除。

高崇民

地的报纸、参考资料、内部参考等摞了半墙之高。其中有个大书架整齐地码放着近百本《文史资料选辑》。此书我早已耳闻，在周总理倡导下，1959 年全国政协成立了文史资料研究委员会，专门从事文史资料的征集、研究、出版工作。很多旧时名流与文史专家参与此项工作，很快出版了一批资料性的内部书籍，称为《文史资料选辑》。这些简装资料都是灰色书皮。作者来自方方面面。当年，周总理动员政协委员把自己亲历的故事记录下来。可惜那时《文史资料选辑》只在内部发行，读者多数为较高级别干部，政协委员和科研、教学人员可凭卡购买，外人难得一见。今日得见，不禁让我喜出望外。我随手抽取一本翻了几页，就被书中的文章深深吸引住了。大庆挺够朋友，见我那么爱看，搬了只藤椅让我坐着细读。

某天，我正聚精会神瞧一本介绍黄埔军校成立前后的选辑册子，至今还记得作者是覃异之将军。覃是黄埔第二期的学员，文章写得细腻生动，我正看得上瘾，听到有人低声说："小尹，喜欢读史？"原来高老在悄悄欣赏我看书的着迷劲儿。我赶忙掩书站起来给高老鞠躬请安道："高伯伯，您好。"高老个子不高，慈祥的面孔和智慧的眼神给我感觉他是个温和的长者。我说："可喜欢这些故事呢，现在才知道原来黄埔军校是在苏联全力支持下建的。我的父亲说过，我二姑父也是黄埔学生。"高老问我："几期的？"我说："不知道，只知二姑父探亲时得暴病突然去世了，留下个遗腹子——我的表姐。"后来晓得，二姑父是黄埔五期的学生。

高老见我这么爱读文史，就让我说出秦朝以来的朝代。亏得上初中时历史老师把朝代编成顺口溜，我没费啥劲儿就背诵出来。高老特高兴，一手扇扇子一手拍着我肩膀夸我说："现在你们军校停课没事干，你能静下心来看书，这很好啊。书架上这上百本的文史资料够你看一阵子了。"听他这么说，我高兴地拍手道："谢大伯了。"有高老的支持，从此，我成了东厢房书斋的常客。大庆开玩笑说："西林，你真行啊，蔫不叽叽把我老爹哄

作者（左一）与好友高大庆

住了，在他书房里享受副国级看文件待遇了"……1967 年夏天，外边热火朝天地搞着运动，我却常常泡在高老的书房静静地读书，真的特开窍，我从文史资料的书海里知道了许多鲜为人知的清末和民国故事。有时，我在厅堂与高老促膝探讨一些书中趣事。眼下，有这么个爱看书的年轻军人陪高老爷子海阔天空地聊天，老人挺开心、挺解闷。

可以这么说，我是在高崇民高老爷子亲自指导下开始阅读近代史的。那段日子，令我印象最深的一件事是，高老建议我读史应先近后远，倒着读，先民国，再清、明、元、宋，这样读史，一则史料较全，二则离我们时代近、印象深。高老的亲口面授对我日后学习国史、党史、军史都起了指导作用。前些年，见某篇文章介绍了少帅张学良晚年读史事，也是本着先近后远的办法。抗战前高老曾做过张学良的高参和秘书。看来他们俩在读史上早有"先近后远"的共识了，这一方法也让我受益匪浅。

一次，我与高老聊起南北朝及五代十国，我说："这两个历史朝代太乱，总是有一头雾水、难以理清的感觉。"高老说："西林，这个问题提得好。这两个历史时代，是数国并存的缘故。"他说，东晋后的南北朝延续近 200 年的时间，盛唐后五代十国乱了 50 年。高老建议我花些功夫熟记每个朝代始末年代，这对理清南北朝和五代十国的关系是有好处的。那天

讲到兴处，高老还随手用铅笔画了一张几个政权并存的交叉图给我看，我深深佩服高老的历史功底，不愧是留日高才生。现在回想起来，我特后悔那次"讲课"我没把高老那张五代史图要来珍藏起来。

几十年过去了，退休后，一位老同志与我交流读史感受时，也谈到南北朝、五代十国混乱的问题，那位老同志非常敬佩高老关于记忆王朝始末年代的办法。"文革"时期，我在高老的书房里粗读了范文澜的《中国通史》一书，牢牢记住了公元前 841 年，是庚申猴年，乃是中国有确切纪年的开始，也为西周共和元年。高老还说，学史头脑里要牢记历朝始末年代及重大历史事件的时间。那段难忘的读史的日子，高老为我打下学习中国历史的基础。俗话说：文史不分家。高老的教导使我最终走上文学创作之路。

高老喜欢爱读书学习的年轻人，有好几次我看书着迷，快到中午了还赖在东厢房不走，高老就像家人一样催我与大家一起上桌共进午餐，在他家，我从"书虫儿"进步到"食客"。高老是多么慈祥、多么偏爱读书的人啊！享受美食之中，我发现高家厨师手艺特棒，大庆说新中国成立初期他曾在沈钧儒先生家做过厨师，很得赏识。为答谢大厨，我曾专门去北京饭店买当时最时尚的熊猫牌香烟，请他大过其瘾。

改革开放后，我从海军转业回北京，在化工部办公厅上班，其中一项日常工作是负责办理每年全国"两会"（牵涉到我单位的）代表建议案和委员提案。1987 年全国"两会"快闭幕时，我得到全国政协已重印"文革"时期中断的文史资料的消息。当时我兴奋极了，立马回部里请示机关领导，购买了一整套《文史资料选辑》。全国政协机关一位同志很惊讶，问我怎么对文史资料如此喜爱？我说当年是你们高副主席辅导我读这套丛书的，让我知道了许多不为人知的历史，这也是我常常怀念高副主席的情结所在。所以，极力"撺掇"单位采购一套文史资料，以读史学习。该同志闻之，默然微笑，良久无语……

2022 年 10 月

1983 年"空中调水计划"的追忆

张德二 *

1983 年,一项调动孟加拉湾上空水汽到青海高原实施人工降水以解决西北干旱问题的"空中调水计划",以闹剧收场。经查实,该计划拟采用的关键技术"高层电磁场引导高空水汽运行"是一条英国报纸的愚人节新闻,其所称的科学依据与多项大气科学理论和实况不符。为弄清这项"计划"的科学依据和可行性,还付出了沉重代价。

1983 年 7 月,时任国家气象局局长邹竞蒙召集中国气象科学研究院、中央气象台的几位科技人员和气象局科技司有关人员开会,我也在其中。事由是,最近有人向中央提出一个解决西北地区干旱问题的计划方案,请我们来对此方案的科学性、可行性等谈谈看法。该计划由时任中国经济学团体联合会会长和青海省政府主要负责人等联名提出,大意是打算从孟加拉湾上空引导印度洋水汽至青海高原上空,然后加以人工影响变成雨水降落,估计由此增加黄河流量 200 亿立方米 / 年,可解除黄河中下游乃至华北的干旱威胁。计划的实施途径是在喜马拉雅山、昆仑山炸开山体,形成水汽通道,借助于高空磁场之引导作用,使孟加拉湾上空的水汽源源北上到达青海高原,所以称为"空中调水计划"。邹局长要求与会者对这一方

---

* 张德二,女,第十届全国政协委员,中国气象局国家气候中心原首席专家、研究员。

张德二

案的科学性发表意见，分别从天气动力学、气候学、云雾物理学诸多方面来评议。

会上，天气气候所的参会者看法一致，觉得问题很大。从我的专业领域——天气动力学、大气环流、气候变化的角度来审视这一计划，其"不可行性"是十分清楚的。按大气环流的格局，中纬地带的高空盛行气流是西风，这西风气流遇到主体高度 5000 米的青藏高原时被分为南北两支西风急流，而且中低空天气系统的移动是受到高空气流引导的，所以，即使将喜马拉雅山炸开一个山口，南面印度洋的水汽是不会自动地、源源不断地穿过强劲的西风气流，向北跑到黄河源区上空去的。再则，现实的高空水汽的空间分布有一定格局，一旦出现重大改变，必定会影响到相关地区降水分布，若改变孟加拉湾上空的水汽走向，首当其冲受到影响的是印度和孟加拉国，至于中印半岛（即中南半岛）各国所受影响如何等，通通是未知。这样涉及邻国利益，甚至可能引起国际争端的重大举措，在未有研究结论之前不能采纳和公布。与会云雾所专家则指出，青海高原平均海拔4000 米，黄河源地面海拔 4800 米，其上空的云是冰晶云，不同于平原地区的水云，因而通常用于水云撒播吸湿性凝结核进行人工造雨的办法，对冰晶云并不适用，有效的方法还在努力探索中。所以该计划并没有成熟可行的技术途径，欲通过人工降雨增加黄河水量的设想不能实现。

会上大家更关心这"空中调水计划"是如何将南面海上的水汽引导到青海上空的？其技术可行性如何？解答是：该计划称，这已有成熟技术可采用，是通过高空磁力场的离子流的作用来引导水汽流向，而且这套技术已由英国某研究所研制成功，并见于英国报纸的报道，"空中调水计划"将引进这套技术。

这次会上邹局长指示：1. 将各位的发言写成文字稿，汇总后作为上报材料；2. 进一步了解这项"高空磁力场离子引导技术"的科学技术内容，查找原始文献；3. 邀请国外云雾物理专家访华，并到青海现场实地考察，听取国际顶级专家对冰晶云人工降雨技术的看法，并在万里副总理接见外宾时当面呈述。

散会后，这三件事抓紧办理。文字稿很快汇总好，我是执笔人之一，后来还开过几次小会，请前辈老专家审议此稿，由局科技司等部门审理上报。

查找英国"新技术"文献的任务由云雾所的几位承担，须知这是翻阅逐日的旧报纸，那时并没有当今这样的电子检索技术，得一张张地翻阅，其繁难可想而知。查找者由近及远地逐日翻检英国《卫报》（The Guardian）报纸，真是不负苦心，终于被云雾所研究员许焕斌查到了。确实有这么一则新闻报道，标题的中文大意是"采用电磁技术，英国实现天气控制"，说是英国某研究所已研究出一项专门技术，通过高空电磁场的特殊作用来指引空中水汽运行路径云云。此新闻篇幅长，分成好几个小段分插在几页版面，许仔细阅读了全文，再看报纸的日期是 4 月 1 日。啊，4 月 1 日！愚人节！这不是开玩笑的愚人节新闻吗?！许焕斌傻眼了，我们闻知也傻眼了，继而是愤怒，这不是大笑话吗！闻者皆大哗。

此时，邹局长邀请的国际一流的云物理专家、著名的"比格云室"创建人、澳大利亚人比格教授（Dr. Bigg）偕夫人来到中国，并到青海实地考察。不幸的是比格博士夫妇在青海考察过程中发生车祸，在湟源县境公路上翻车，比格博士受伤，比格夫人重伤以致身亡，陪同的酆大雄研究员头部重创，肋骨断了 3 根，所幸经开颅术抢救，没有成植物人。可敬的比格博士将亡妻、一位优秀的鸟类学家的骨灰葬在青海湖鸟岛，又将抚恤、赔付金捐给了救护他们的当地县医院。比格教授的豁达心胸深得中国人民敬重，但我每当想到比格夫人将性命丢在了中国、想到拥有真才实学的可敬的鄞大雄研究员饱受伤痛折磨过早去世的事由，就不由得对这桩"空中调水计划"愤愤然，此是后话。

那时，这"空中调水计划"仍在积极进行中，乔培新的署名文章"空中水资源利用应列入科研日程"在《瞭望》杂志发表后，产生很大影响。一个赴英国的 4 人考察小组也组团成行了，4 名成员真正踏上了英伦土地，去考察那愚人节新闻所言的、子虚乌有的"英国某研究所"，和有关引进这项"新技术"的问题，其考察结果可想而知。

2018 年 3 月 3 日，科学出版社地球科学订阅号登载了《刘国纬：我对空中调水的几点看法》一文，文中追述了 1983 年 7 月水利部科技司请刘国纬教授就"空中调水"提案写出意见的往事，所述情节和我在气象局的亲历完全印合。文中刘先生的见解我很赞同，这些看法也和当年我们向邹竞蒙局长汇报的意见一致。

如今，这桩多年前的往事已日渐淡忘了，多位亲历者都先后去世了，刘国纬先生的文章引起我的深思，觉得从科学技术史的角度来考虑，作为一名科技人员，应当把我所知道的"往事"记下来。

2022 年 3 月

书和人，与历史共存

——《中国翻译词典》的策划组编与编撰出版

唐　瑾[*]

　　人类自发明造纸和印刷术之日起，便开启了书与人的美好历程，留下许多值得回忆的故事。编辑出版人职业生涯里，每一部重点图书的写作与编辑出版，只要有心梳理，便会理出一篇书与人的历史记忆和感人故事。2022 年春节前，全国政协《文史资料选辑》向我约稿，写一篇有关《中国翻译词典》的文章。岁月不居、时光如梭。这本书于 1997 年出版至今已有 25 年。记得我曾在 2017 年第 5 期《东方翻译》杂志上，读到一篇题为《〈中国翻译词典〉中的译史资料与译史研究》的文章。一部图书出版20 年后仍立在书架上引发人们思考与评说，这自是出版人的荣幸，由此也触发我编辑出版这部词典的诸多回想，借约稿之机全数形诸笔端。

《中国翻译词典》的策划

　　对于编辑来说，立得起来的"一本书"是一种永远的追求，也是我当年策划责编《中国翻译词典》的初衷和理想。1989 年，我从武汉理工大

---

　　[*]　唐瑾，女，第十一、十二届全国政协委员，曾任民进湖北省委会专职副主委，湖北教育出版社副社长、编审。

学外语教学岗位，调入湖北教育出版社从事外语编辑工作。翌年初，我萌发了策划、组织编写《中国翻译词典》的念头。

那一段时间里，我在脑子里反复思考：是否有必要或者能否编写出一部汇集中国译事诸多方面知识与史料的大型工具书？它应该囊括哪些方面？如何编撰更具有科学性与实用性？谁担任此书主编至关重要，谁是最为合适人选呢？这些问题，实际上就是我当时所进行的第一步自我论证。同时，我开始了一系列的相关咨询和调研。首先走访了武汉一些高等院校的外文系，向从事翻译和教学工作的教授们了解情况，并致信北京、上海、南京、天津等地的有关专家学者，征求对组编出版这样一部词典的意见。这一番调研，得到两个信息：一是知道此前有两本翻译类词典出版，即 1988 年由中国对外翻译出版公司出版的林辉主编的精装本《中国翻译家词典》，1991 年林煌天、贺崇寅主编的《中国科技翻译家词典》，由上海翻译出版公司出版。第二个信息让人很受鼓舞，几乎所有的受访者都较为一致地认为，出版界虽然出版了《中国翻译家辞典》《中国科技翻译家词典》，但中国翻译界还没有一部有关翻译方方面面的综合性工具书，组织编写、编辑出版一部这样的词典确有必要，翻译界、文化教育界也有实力能够编写好。

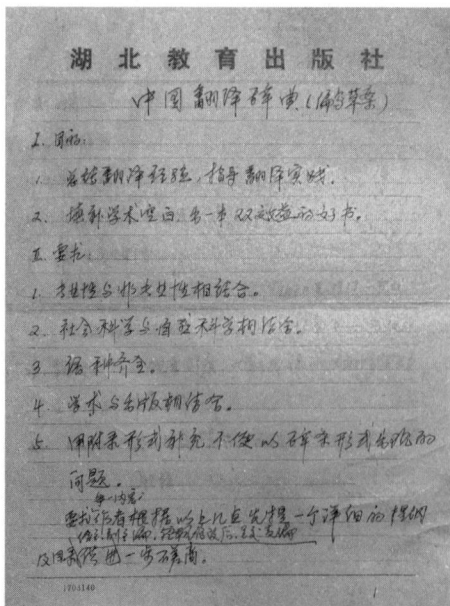

《中国翻译词典》编写草案

1990 年 4 月，在诸多调研的基础上，我拟出了《中国翻译词典组织编写、联系计划》。计划中拟设主编 1 位，副主编 2 位；编写时间为 2 至 3 年；组织编写内容分五大部分：翻译史、翻译家、翻译作品、翻译知识与疑难问题、翻译理论与技巧等。随后的几个月里，我打电话或利用出差的机会，进一步与全国各地专家学者商谈沟通，主要内容有四个方面：一是反复论证该选题的可行性与操作性；二是就词典要收录的具体内容征求意见；三是关于词典出版的实用性与价值如何体现；四是咨询了解请谁来做这本书的主编最为合适。《中国翻译词典》的主编人选，是我在策划工作中考虑较多的问题，因为主编人选很重要。根据词典内容涉及翻译的方方面面，我意识到担任此书主编的人选，应当是一位常年在翻译界工作，懂翻译、熟悉翻译界，了解全国译界方方面面，且具备组织能力和号召力，有责任心，同时又有编写出版过图书的经历，具备统稿经验的人。经过多方面的权衡考虑，最终我觉得约请时任中国翻译协会副秘书长，《中国翻译》杂志主编、编审、享受国务院专家特殊津贴的林煌天先生担任《中国翻译词典》的主编最为合适。这年 10 月下旬，我将《中国翻译词典》的选题策划，向时任分管领导赵守富副总编辑（1992 年 7 月，赵守富副总编调任湖北科技出版社社长）做了汇报，他在大学是学外语的，能判断这个选题的价值，我的设想得到了他的充分肯定与支持，这进一步增强了我策划组编这部翻译工具书的信心与底气。

　　1990 年 12 月初，我打长途电话给北京的林煌天先生，与他取得联系。12 月 23 日我又致信林煌天先生，详细地表达了拟策划组编一部综合性的翻译工具书——《中国翻译词典》的设想，并约请他担任该词典主编。真是无巧不成书，林煌天先生也曾考虑编写一本"翻译知识手册"，我的想法自然与林煌天先生的想法较为吻合。12 月 28 日，他复信说："我很高兴收到你 12 月 23 日的来信。关于编撰翻译辞典（翻译知识辞典，中国翻译百科辞典等将来再商定）的工作，是我多年的设想。现得知贵社也有这个考虑，真是再好不过了。"又说："编这种辞书，一是怎么个编法，怎样组织力量，需要认真考虑。二是有没有出版社愿意出版。你们有意搞这个选题，出这本辞典，问题解决了一半。"并表示"非常欢迎你择日来京面议"，还"建议你多带点路费，也许我们商定后需要你到浙江跑一趟"。林先生的回复让我颇感兴奋，因为解决了"翻译词典"的主编人选问题！

在与林先生书信往来中，我也在进一步考虑完善有关《中国翻译词典》的选题策划。1991 年 1 月 24 日，我拟出了《〈中国翻译词典〉编写草案》。草案分为三大板块：一、词典编写目的；二、词典编写要求；三、词典编写内容。这个草案明确了《中国翻译词典》的编撰思路：这部词典应当是一部"总结翻译经验，指导翻译实践；专业性与非专业性相结合，社会科学与自然科学相结合；语种涉及英法德日俄，国内少数民族翻译；所写条目须内容翔实，有实用价值；为翻译工作者，从事翻译研究和外国文学研究者，高校翻译专业师生提供一部有权威的大型翻译知识辞书"。这个较为明晰的草案，为前往北京与林煌天先生面商做了准备。

现在回想起来，当时我调入出版社工作的时间并不久，年岁不长，编辑工作经验尚不足，资源还在积累开发中，对编辑这样一部大词典将要遇到的种种困难与问题估计不够。不过话说回来，也许正是这个原因，反而让我没有什么畏难情绪，很有信心与勇气去做一番尝试。

《中国翻译词典》的组编

1991 年 3 月，我携带《〈中国翻译词典〉编写草案》和出版社的"图书约稿合同"，独自去北京拜访林煌天先生，与他面商词典编撰事宜。我们的商谈很有成效，有关问题与编写事宜沟通十分顺畅。这次商谈，我请林先生他们起草一份《〈中国翻译词典〉编撰纲要》，以利于词典的编写。

回到武汉，就北京商谈的情况，我又给林先生写了一封信。林先生在1991 年 4 月 6 日的回复中说："你提的几个问题，我认为都应该考虑、采纳或修改。我也觉得编撰这样的词典，有很多问题还需进一步研究解决，靠通信说不清楚。因此很有必要通过面商，定出较详细、妥善和高质量的'编撰纲要'。打印成稿后我还要在京征求若干翻译家的意见。"同一封信里，林先生还特别讲到，"我很重视编撰工作开始前的会商。希望你们把你们的准备情况和调查情况带来。我们编辑部议过二次编撰词典的工作问题，也很需要和你们讨论，做出编撰计划。"

我前面说过，林煌天先生是《中国翻译词典》主编的最佳人选，这里略作一点介绍。林先生是福建武平人，1949 年参加革命，1953 年 9 月毕业于北京大学东方语言文学系。曾任外文出版社缅甸文组组长，主持过《毛泽东选集》（缅文版）1—5 卷的翻译出版工作，并负责定稿；《中缅边界议定书》中方审定稿人员之一；翻译了缅甸短篇小说和长篇小说，由《世界文学》和外国文学出版社发表、出版；1982 年参加筹建中国翻译工作者协会，任中国译协核心组成员，常务副秘书长；时任《中国翻译》杂志副总编。我与林先生见面后，更觉得林煌天先生是一位平易近人，很有长者风度的学者。他在翻译方面既有实践经验，又有组织能力，对工作十分严谨。而林煌天先生本人乐意接受《中国翻译词典》主编之任，他在后来写的《〈中国翻译词典〉编撰记事》一文里说得很明白："我敢牵头编辑这本词典，在很大程度上得益于我在中国译协的工作条件。由于我近 10 年主管中国译协常务工作和《中国翻译》杂志的编辑工作，我结识了许多知名翻译家和大批的作者，也结识了许多翻译出版界的前辈。他们是本词典的主要撰稿人。我请求他们自己提出自己熟悉的或自己研究领域的相关词条。"

两个月后的 1991 年 6 月初，我收到林先生 5 月 30 日寄给我的《中国翻译词典编撰纲要》，附信说："现寄上《中国翻译词典编撰纲要》，虽经修改，但仍然感觉到不够完善。需要在编撰工作中，经过实践再作调整，或增或删。"又写道："近日，我已开始和有关学者进行联系。一是向他们征询意见，请他们提收编词条和专题的看法（哪些该收编，哪些不必收编；立多少条目等）。二是请他们参加编写工作，自报编写的条目和专题。便于我统一落实。编辑部（即《中国翻译》杂志编辑部）的同志已在查阅资料立条目。字数最多 170 万。"6 月 22 日，林煌天寄回经他签字认可的出版社约稿合同。

接受约稿与主编之邀后，林先生进一步采取了两个步骤来推进工作。其一，1991 年 9 月，林先生在《中国翻译》杂志第 5 期上刊发《呼吁翻译界人士支持编撰〈中国翻译词典〉》一文，"介绍了编撰纲要，欢迎翻译界人士对本书编撰提出建议，并为本书撰写条目"。此文公布后，译界同人纷纷函件响应，并提出了许多宝贵意见。其二，"在此基础上，我们开始组建《中国翻译词典》编辑委员会。约请老一辈翻译家王子野、戈宝权、叶水夫、叶君健为编辑顾问；约请全国翻译界人士和有关单位的学者高莽、郭建中、罗新璋、刘宓庆、马祖毅、黄邦杰、许钧、李蟠、杨自俭、张今、徐式谷、方梦之等 28 人为编委。由陈彦田、袁锦翔担任副主编。"①这两项群策群力的办法，对《中国翻译词典》的编撰起到了关键性的推动作用，使词典编撰纲要得到了很好的操作实施。特别是编辑顾问的约请与编辑委员会的设立，彰显出本词典编撰的严谨与出版后的权威性、学术性和专业性。

有关《中国翻译词典》的策划与组编的来由与过程，林先生在《中国翻译词典》"编者的话"里也写道："湖北教育出版社外语编辑唐瑾早在 1990 年就有意组编一本汇集中国译事诸多方面知识的百科式大词典。1991 年唐瑾女士得知我编书信息即来函约稿，随后携编写设想草案赴京商议。不久，唐瑾女士和当时该社副总编辑赵守富先生及本书副主编之一袁锦翔教授再度来京和我们面议本词典的编撰纲要及出版事宜。有了出版

---

① 林煌天:《〈中国翻译词典〉编撰纪事》，中国译协网，2015 年 12 月 23 日。

社的支持，我们才得以集中时间和精力，投身这项工作。"

林先生这段话里所说的"不久"，实际上已是 1992 年的 2 月 11 日。早些时候即 1992 年 1 月，我起草了《〈中国翻译词典〉1992 年 2 月会谈内容》与《有关〈中国翻译词典〉的编写问题和建议》，同时还附上了 6 本翻译词典编写体例参考书目，如《中国翻译家辞典》《外国人名辞典》《文艺美学辞典》《世界名诗鉴赏辞典》等，以便带去北京面商时参考，有利于解决《中国翻译词典》组编中的一些具体问题。春节过后，上班不久的 2 月 11 日，我与赵守富副总编以及袁锦翔教授一同上京，与林煌天主编、陈彦田副主编共同商议有关词典的编撰事宜。这是组编这部词典时唯一的一次集体出差。

这次会商有两天，2 月 12 日至 13 日。我在写作这篇拙文时，找出并阅看了我当时所做的会谈纪要，会谈主要解决以下几个问题。一是请林煌天主编介绍本词典的编写情况与征求意见情况等。二是商议词典编撰方面有待商榷的问题，比如正文的收编内容、人物词条的取舍原则、附录的收编内容等。三是进一步商讨词典的具体编写。在林煌天、陈彦田拟出的"《中国翻译词典》词条编写体例说明"的基础上，重点商议以下问题：在确定翻译人物词条的取舍方面，译界年长的知名人士与中青年名人的取舍问题和标准；词典的编写除文学翻译，还应包括民族翻译、科技翻译等；考虑到词典所涉及的内容多、字数多，为便于查找，词典除设总条目，再增加分类条目；怎样列出译著介绍；对翻译理论上不同学术观点的处理等。同时，对一些具体问题提出了要求，如：对词典撰写词目的要求、体例与注意事项；对各词条的写作字数，按短、中、长条和特长条四种类型提出了意见与要求；对翻译人物中有些有争议的人物需采取以事实说话，以事论事的态度做客观介绍，而不加任何主观评价；词典对有关机器翻译、机助翻译的词条是否收入，由谁来写等。四是对编写分工、编审程序和完成时限等做了商议。会谈中，我们提出请词典主编和副主编根

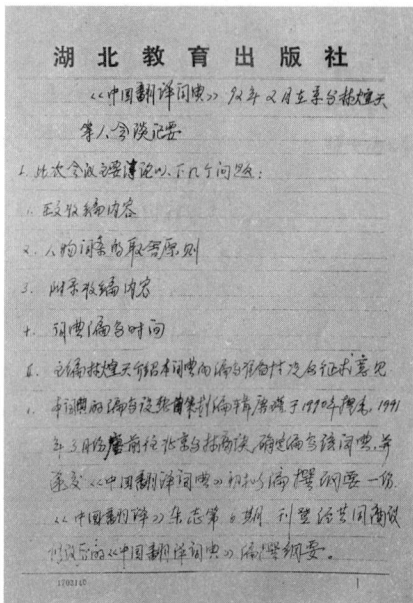

与林煌天主编商谈的记录

据此次面商的意见和出版社的要求，对他们拟出的编撰纲要进行修改。取得共识后，双方签订了出版合同。

这次面商后不久，林先生他们拟定了经过修改完善的《中国翻译词典编撰纲要》，将本书所收词目范围明确为：翻译理论，翻译技巧，翻译术语，翻译人物，翻译史话，译事知识，翻译与文化交流，翻译论著，翻译社团、学校及出版机构，百家论翻译等 10 个方面。

范围明确了，但编撰过程中棘手的问题还是不少，最为棘手的几点，有如林煌天主编在编者的话中所言：一是编撰这样一部词典，大多没有现成的工具书可供借鉴，也无定规可供选择参考；二是要把这 10 个方面的内容尽可能多地搜集在内，仅靠编委会一些人远远不够；三是虽确定了选收翻译人物的原则，但在翻译人物介绍的取舍上，实际操作中都颇费斟酌。除林先生所说之外，还有大量具体难题，比如：哪个人写哪些词条合适；由于译名的歧义，写上来的词条重复、交叉现象也比较严重等。主编林煌天先生与陈彦田、袁锦翔两位副主编，全力以赴，克服了重重困难。林煌天主编在《〈中国翻译词典〉编撰记事》一文里谈到，"由于本词典的编务工作十分繁重，加上我本身的业务工作也很繁忙，因此，本词典的编辑进度一拖再拖。我从单位办理离休后，才全力抓紧编辑审稿工作，终于在 1996 年开始陆续发稿，1997 年 11 月出版第一版。"林先生说 1996 年开始陆续发稿，记忆有误，有资料显示实际应是 1995 年下半年。

在本书的编写过程中，我与林煌天主编联系很多，不断互通书信，或者电话沟通。我在《中国翻译词典》出版之际曾估算过，那几年我与林先生的往返书信多达数十封，还不包括电话。而每一封信、每一个电话都是商谈或解决有关《中国翻译词典》的编写问题。出版后的《中国翻译词典》的总目里，有凡例、词目音序表、正文、附录和词目首字笔画索引。其中，"正文"中的（一）综合条目，（二）百家论翻译；附录里的中国翻译大事记，外国翻译大事记，中国文学作品书名汉英对照目录（部分），外国文学名著书名外汉对照目录（部分），中国当代翻译论文索引，世界著名电影片名英汉对照索引，联合国及有关国际组织、职务和职称、国际文献与条约译名录等，都是编辑与作者双方沟通共同确定的框架结构，当然这些文字更是正副主编、编辑顾问、编辑委员与所有参与编写人的智慧和心血凝聚而成。这些内容，既是这部翻译词典的精华，也是翻译知识、翻译理论、翻译历史、翻译文化等在本书中的高度浓缩，是读者在这本 245 万字的《中国翻译词典》里能够获得的实用而又宝贵的学习参考资料。

《中国翻译词典》的编辑审读与出版

编辑出版《中国翻译词典》算得上一项大的出版工程。从选题策划，拟出编写纲要，选择主编、副主编人选，到落实组织编写书稿，再到审读书稿、编辑看样和出版等一系列工作，出版社方面仅我一人全程参与，全力投入。从 1990 年策划开始到 1997 年底编辑出版这部 245 万字的《中国翻译词典》，用了整整 8 个年头。

作为此书的策划与责编，考虑到编辑工作量大、出版时间不宜拖得太长等实际问题，我采取的工作方式是让作者成稿一批送审一批。1994 年底开始，我陆续收到这部书的书稿，即着手审读，做编辑加工处理，到

1995 年开始陆续发稿。在整个工作过程中我都十分认真谨慎，不敢有半点马虎，唯恐有编辑不当或失误之处。现在回想起来，还真有点为自己当年所做的工作感到欣慰自豪。英国著名诗人华兹华斯有一首名诗《颂永生的启示，来自童年的记忆》，美国著名思想家、诗人爱默生曾评价这首诗是"19 世纪诗歌的最高水平"。华兹华斯在这首诗里表达了这样的意思，一个诗人的伟大之处是找到一个内心世界的支点，并以此信念支撑着他在生活的迷惘中找到前进的方向。当年，尽力策划好、组编好、编辑出版好《中国翻译词典》，正是我内心世界的支点。因为这个支点，我在编辑出版工作中奋力前行。

8 年一本书，其中的艰辛困苦当然是自己最清楚。编辑这样一部百科式翻译知识词典，工作量繁杂巨大，在编辑审稿过程中遇到的困难也实在太多。首先，书稿由多人撰写，几乎均为手写稿，那个时候，人们的写作尚未时兴电脑录入，撰稿人书写笔迹各有不同，有些作者书写十分潦草，很难辨认。有时几个字一句话，需要根据上下文字反复阅读猜测加联想，方能辨其义。其二，书稿质量参差不齐，有些词条写得好，而有些词条对翻译家的出生年月，翻译家翻译作品的出版与修订再版年月、翻译作品和翻译出版机构的名称等，都存在错误或与实情不相符合的问题。其三，有些稿件因质量有明显不足，需退回作者重写，请他们做修改补充。其四，词典内容多，涉及面广，由于译名的歧义，虽经过主编、副主编和编委们把关审阅，重复、交叉的现象仍然存在。其五，词典涉及英法德日俄等多个语种，还有国内少数民族翻译等，也加大了责编审稿的难度。其六，多语种的书稿也为排版人员和校对人员增加了工作难度，除了英语之外的小语种，排字工和校对人员都接触甚少，出现大量排版错误，校对人员对一些排版错误难以辨认。其七，难以做到出版流程中规定的"齐清定"的要求。根据出版社和林主编达成的共同意见，为抓紧时间编辑出版，这部书的书稿不能做到按出版社要求的齐清定发排。由于词典书稿是陆续寄来，难以掌控书稿字数，原定 170 万，全部到齐排版后增加到 245.2 万。字数的增加也给责任编辑带来工作量的剧增。

面对这些困难，都需要我去认真履职履责。我在为本文写作查找有关资料时，找到审读过程中所写多达几十页的书稿编辑加工处理意见，发现我对一些比较重要的问题都做了记录，寄给主编或撰稿人，请他们一一核查修改，完善详尽。书稿发排时，为减少排版（当时还是铅字排版）错误，我拟写了《中国翻译词典》第一次、第二次排版须知。在校看清样时，为使编辑和校对人员共同把好出版质量关，我又拟写了多页稿纸的《中国翻译词典》一次清样、二次清样校对注意事项。这些，在那几年与林先生的通信里都有写到。当然，我也很幸运，我的审读工作得到了有关翻译家、专家学者的大力帮助和支持。比如涉及有俄文的词条，唐山工程技术学院的闫德胜先生在 1994 年的来信里说："我是搞俄文的。我愿意在这方面替你把一道关。就是说，你可以把涉及俄文的词条稿件寄给我，我审改初定后你再复审定稿，也许能省你一定时间和精力。"这些作者让我感动，也对我的编辑出版工作给予了很大的帮助，无形中为我的编辑工作增添了一种力量。

自 1990 年至 1997 年，几年间我的精力和时间几乎都放在了这部词典的策划组编和编辑出版工作上。由于词典的编辑出版工作量太大，我的日常工作，包括大部分业余时间，除了与作者联系、组稿、审稿、看样，几乎很少出差，单位组织的各种活动几乎没有参加。当然，我也记得，在编辑出版这部词典时，曾经几次有过自己给自己找麻烦、出难题的自责，也有过打退堂鼓的想法，可最终还是咬咬牙坚持下来。现在想来，这或许是坚持到底就是胜利的哲理吧。至今时隔 25 年，当我回想这部词典的编辑出版过程时，感慨之余，也不禁为当时年轻劲足、气盛敢干的精神而心生豪气。

1997 年 11 月，《中国翻译词典》正式出版。当将这部大 16 开，洁白的封面上印制有钱锺书先生题签书名的《中国翻译词典》摆在办公桌上时，我真的是苦乐交集。在我的眼里，这不是一部一般的词典，它凝聚了中国翻译界、外语教育界、文化界太多专家学者的心血、积累和智慧，也凝聚着出版社、出版人的辛劳与财力的付出。季羡林先生曾赞颂：这部词典"为中国学术界研究中国翻译问题锦上添花"。1998 年，《中国翻译词典》获得第十一届中国图书奖。

《中国翻译词典》的功臣们

打开《中国翻译词典》，在叶水夫先生的序里，我们可以读到："近两三年来，林煌天同志又组织全国翻译界的近百位学者编撰了《中国翻译词典》……"副主编、武汉大学外文系教授袁锦翔，则实事求是地在《〈中国翻译词典〉简介》里写道："本书是我国当代译界名家、学者与专业人员近百人通力合作、辛勤耕耘的结晶，集译坛众多流派学说之大成，不因一家之言而有所偏废。"现在读到这些话，我都是由衷地赞同。的确，《中国翻译词典》是我国当代译界名家、学者与专业人员近百人通力合作、辛勤耕耘的结晶，此外还有港、澳、台的数百名译界同人对本书提供过其他方面襄助。特别是中国老一辈翻译家钱锺书、伍修权、季羡林、戈宝权、王子野、叶君健、叶水夫、王佐良、刘重德、许渊冲等，他们或亲力亲为撰写词条，或为本书的编写出版严格把关。这一切，怎不令人感动！我想，凡阅读使用过《中国翻译词典》的读者，当为这部词典汇聚了如此多的一代译界、文化教育界的名家，感到激动与震撼吧！

这里我还要特别介绍一点情况。一是这部词典的书名经过特别用心的考虑设计。中文书名征求过一些专家学者的意见，尽管词典又可作"辞典"，两者并无区别。考虑到词典是以词语为收录单位的工具书，其整体结构一般由前言、凡例、正文、附录、索引等部分组成，而正文则是以词条的形式解释词目，很切合《中国翻译词典》的内容构成与内容编写，故用"中国翻译词典"，而没有用"中国翻译辞典"。词典的英文名，由叶君健、段连城（原外文局局长、英文专家）商定用 Companion for Translators，这是当时国外对词典的时兴用法，而 Dictionary 太一般化。为使此书的书名更贴切准确，林煌天先生还专门征求过杨宪益、戴乃迭等专家的意见。林主编在 1993 年 10 月写给我的信函里，还让我就英文书名就近在武汉问问副主编袁锦翔教授的想法。更令人感动的是，钱锺书先生在患重病的情况下，破例为《中国翻译词典》题写书名。二是本词典一些重要辅件都有周密的安排。扉页是无产阶级革命家、军事家、外交家伍修权题写的"祝贺中国翻译词典出版 伍修权 九四年春"的贺词。序言有好几篇。有关季羡林序，林主编在《〈中国翻译词典〉编撰纪事》一文里专门写道："本词典编成后，我携编撰提纲向我的老师季羡林教授汇报编辑进度并求他作序。不到一周我收到他由秘书寄来的序言。这是一篇精辟论述翻译与文化交流、翻译与文化繁荣的重要论文，写得非常精彩，值得向世人推荐。"记得我在审读词典书稿时，将季羡林先生的序读了三遍。正如林主编所言，季羡林先生的序立意很高，从"中国之最"说起，以中国先秦时代已有翻译活动，至迟东汉初年，印度佛教通过翻译传入中国为例，从历史的维度谈到翻译对中国文化与社会进步等所产生的重大影响，认为 20 世纪 90 年代在中国学术界，研究中国翻译问题之风大兴，论文和专著都出了不少，《中国翻译词典》的编撰出版可谓锦上添花。季老特别写道："对林煌天等同志编撰这样的词典我是完全信任的。他们在翻译方面，既有实践经验，又有组织经验。他们编撰的书很有特色，汇集了涉及翻译学术方面的各种词条和有关资料，翻译工作者和文化教育界人士都可用作参考。煌天同志要我为本书写一篇序，我乐于接受，同时又趁机把自己对翻译工作的重要性的看法一并写了出来，以便求教于高明。"季先生的序，不仅充分肯定《中国翻译词典》的编撰出版，更是从"中华文化之所以能常葆青春，万应良药就是翻译。翻译之为用大矣哉"的高度，对《中国翻译词典》编撰出版的重要性与必要性，给予充分肯定和赞赏。此外，著名作家、翻译家叶君健，著名翻译家、中国翻译协会会长、中国外国文学学会副会长叶水夫，都欣然为《中国翻译词典》作序。叶君健先生在他的序言里，给予《中国翻译词典》中肯而又很高的评价："这部词典也可以说是一个大型的翻译百科全书。这样一个规模的词典就不单限于翻译工作者参考了，其他文化领域的人士也可以翻阅、享用，从中得到一些有用的翻译知识和信息。"序之后有著名英籍华裔女作家、社会活动家韩素音女士的贺信。1993 年 10 月 18 日，远在瑞士的韩素音女士在写作繁忙之时，为《中国翻译词典》的编写出版发来热情洋溢的英汉对照贺信。她在贺信里写道："你们为翻译人员出版这本翻译专业知识词典很有必要，祝你们成功。"

所有这一切，林煌天先生在《编者的话》里对参与本书撰稿或对本书提供过其他方面帮助的内地、港、澳、台的数百名译界同人致以谢忱；特别是对为本书题写书名或题词，或作序，或发来贺信，或担任顾问，或撰写词条的老一辈翻译家致以崇高的敬意；对在搜集资料和编写《中国翻译词典》的过程中，海内外翻译出版机构、科研部门和文化单位的专家学者、负责人的热诚帮助表示衷心的感谢。

回想至此，我不禁十分感叹，《中国翻译词典》的编撰与编辑出版，凝聚了中国翻译界、文化教育界多少翻译人和学者的辛勤、智慧和心血！1997 年本书出版时，出版家、翻译家王子野先生已经离开了我们。2005年，《中国翻译词典》再版时，又有好几位参与编撰和做出贡献的老一辈翻译家，如戈宝权、叶水夫、叶君健等也已西行。到今天，也就是 2022年 2 月，我写作这篇文稿时，更多参与编撰或为词典工作过的老一辈翻译家也已不在人世。此书主编林煌天先生，于 2017 年 7 月 31 日，因病在北京逝世，至今已有 5 年。当我在网上搜寻到林先生写作的《〈中国翻译词

典〉编撰纪事》一文时，让我很是惭愧又后悔。后悔在《中国翻译词典》
出版后，因"中华翻译研究丛书"等书编辑出版工作的繁忙，未能专程上
北京去看望林先生他老人家；后悔我多次去北京出差，总是公务办完即回
武汉，却没有打个电话与他好好聊一聊；后悔我作为两届全国政协委员，
每年都要去北京参加两会，却没有一次抽出时间去看望他，哪怕与他通上
一次电话。尤其想到林先生 2017 年去世的当年 3 月，我正在北京出席全
国政协十二届五次会议之际，竟也没能与他联系。我恨自己总是因为忙碌
而忽略了许多重要事情，更恨自己在《中国翻译词典》出版后，与林先生
之间的通信太少。我深知，如果没有林煌天先生担任主编，没有他多年在
译界工作的经历与经验，没有他的学术眼光、人格魅力和组织能力，几乎
不可能凝聚起中国译界、文化教育界如此多的大家名人与专家学者，来齐
心协力编撰出版《中国翻译词典》。回想词典的编辑出版往事，我为自己
当时策划的这部词典能请到他担任主编，颇感荣幸与庆幸。感激之余，谨
在此深切缅怀本书主编林煌天先生，还有那些为本书作过贡献已逝去的
人们。

十分令人欣慰的是，虽然有不少参与词典编写和工作的译界名家学者
前辈已驾鹤西去，但他们亲自经手、付出心血、奉献智慧而留下的珍贵文
字，仍然存活闪光在《中国翻译词典》的字里行间。这部词典，至今仍摆
放在许多专家学者的书架或案头上被使用；仍有不少学者在评说点赞，有
些学者甚至认为虽然后来也有出版社出版有类似词典，却无法超越它。

《中国翻译词典》再版与它的价值

《中国翻译词典》的修订再版是 2005 年 10 月，与 1997 年的初版时
间相隔 8 年。对于它的再版主要有两点考虑。一是当时有不少读者和作
者，来信寄钱给本书的责任编辑和出版社的发行部门，要求购买《中国翻

译词典》，而第一版业已售罄。二是本书尚有一些待完善修改之处有必要改进，通过修订再版可以提升本书质量。2005 年 5 月，我给林煌天先生打电话并去信，希望能修订再版《中国翻译词典》。但在具体商谈中，彼此都感到工作量太大，尤其是林先生谈到有一些实际困难，有些作者已仙逝，很难实现词典的全面修订再版。经过几次商议，考虑到市场需要，我们做了一些小修改，于 2005 年 10 月印制了第 2 版，封面上还注明此书为"九五国家重点图书出版规划项目"。

金无足赤，人无完人。这是一句约定俗成、富有哲理的话，用它评说《中国翻译词典》自然恰当。主编林煌天先生借庄子语在词典《编者的话》中曾讲道："'始生之物，其形必丑。'本书是一部综合性的工具书，无先例可循，加上我们才疏学浅，难免冥行摘埴，绠短汲深，还会有许多疏漏，甚至错误之处。"《中国翻译词典》虽集众家之长，彰显其优点特色，但作为第一部无先例可循的综合性翻译知识辞书，其瑕也在所难免。我在湖北教育出版社工作的时间里，一直比较注意收集有关《中国翻译词典》的意见或建议。词典中有些条目的词条标题不同，而实际内容却相差无多，应该合二为一；有些词条因撰稿人严谨不够，查找资料不全而导致内容疏漏缺失；也有词条存在编写时顾此失彼，不够准确或有误。如此等等，都有待修改完善，加以改进。任何一件事情，一种尝试，第一次总是最难的。《中国翻译词典》的策划与编撰出版也不例外，它是翻译工具书的一种创新、一种整合、一种尝试。这就应了林煌天先生在本书《编者的话》里最后写到的，"就好像盖房子，我们的这部拙作，只能算是空地上的一方基石，若要盖起七宝楼台，还有待于方家学者来完成。相信不久的将来，会有一部更趋完善，广博多彩的翻译词典问世。"这是主编林先生自谦，但也是他对《中国翻译词典》秉有的一种客观公正的态度与实事求是的精神。我作为策划和责编，始终认为本书的编辑出版无疑做了一件开创性的工作，它可以是投石问路，却也立下了抛砖引玉、永续未来的功绩，积累了日后修订这部词典与编撰这类词典的丰富经验。

这部填补空白之作的《中国翻译词典》出版至今，从它所历经的 25 年时光看，它的学术价值与社会影响远大于瑕。梳理一下，有以下几个方面。一、在改革开放天时地利人和的大背景下，《中国翻译词典》使这一个时代尤其是老一辈卓有成效的翻译家和翻译工作者的翻译思想、翻译经验、翻译成就得以传承、弘扬和传播，有着深远的跨时代的历史意义。二、填补了中国译界和翻译出版界两个空白。它承前启后，为未来的翻译工作者、翻译文化和翻译教育工作者提供了一部自己领域的百科式知识辞书。三、给中国先秦时代产生并绵延至今的翻译活动，开创了一个重要的文字记录展示平台。读者通过这部词典，可以追踪翻译领域的光辉历史，翻译工作者在翻译史上留下的足迹，翻译活动中有趣的故事和发人深省的各类翻译事件。四、《中国翻译词典》内容翔实，资料丰富，融权威性、学术性、知识性、专业性于一体，名不虚传。这从本书的作者队伍可以证实。凡为词典撰稿的人，都是翻译文化界、外语教育界、外国文学研究领域的名家学者或教授，都是学有所长、学有所专者。另一方面，从主编、副主编、编委会、撰写人到出版社的责编、校对、印制人员，从选题反复论证到本书编写提纲和内容选收原则的几次商讨，无一不是严肃认真、全力以赴、尽力而为。这些都是本词典总体质量上乘，具有实用参考价值，受到读者好评的重要源头。五、《中国翻译词典》自出版以来，一直是翻译文化工作者和高校外语专业、翻译专业师生引用最多、使用最多的重要工具书之一。20 世纪 80 年代至 90 年代，先后出版有《中国翻译家辞典》《中国科技翻译家辞典》《中国翻译词典》三部与翻译有关的辞书，后来也有类似词典出版。有不少专家学者评价说，《中国翻译词典》内容翔实，资料丰富的特色和优势十分明显。我在与其他翻译文化和翻译教育工作者的交往交流中，也了解到他们对《中国翻译词典》的高度认可与评价，后来者很难超越。

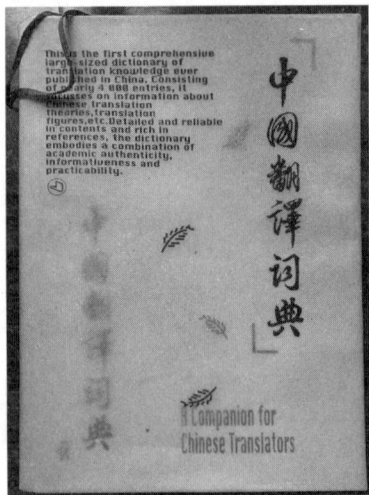

《中国翻译词典》书影

说到这部词典的价值，我想特别引用两则相隔 15 年的材料。一是此书主编林煌天先生对本书的评价。2002 年 9 月，在中国译协和有关单位在山东烟台召开的"全国翻译学词典暨译学理论研讨会"上，林先生发言："总的来说，这本词典（这种编法的词典）比较好看（用）。1998 年，本词典荣获第十一届中国图书奖。我认为主要是奖给 200 多位翻译界知名人士和学者的，他们为本词典写出了宣传翻译事业的好词条，向全社会展示了我国源远流长的翻译事业及其光辉业绩。"二是《东方翻译》（2017 年第 5 期）刊发复旦大学历史系邹振环教授写作的《〈中国翻译词典〉中的译史资料与译史研究》一文，期刊编者在此文的开首，特用大一号的文字摘录了作者在文中对本词典的评说，指出《中国翻译词典》有十大优点，如大量选入中外翻译家的生平小传，选收历史上重要的翻译政策与翻译机构，选收历史上重要的译著与译著丛刊（详见该文，不具引）。当然，此文也指出了不足。

我想，这部书的是非功过，可由后人去评说。岁月如逝水，作为策划和责编，我忘不了这部词典所经历的一切。以后或更长远的将来，还有更多编撰过这部词典的人，将离我们而去。但凝聚着中国译界翻译名家和工作者的翻译思想慧光，书写着翻译知识、翻译历史，承载着浓浓的翻译文化、优良社会影响的《中国翻译词典》，将永远立在读者心中。这本书会留给历史，而与这本书有关的人，无论是为词典撰写词条还是参与工作付出真诚努力的人，历史都将记住他们。

2022 年 2 月

奔 赴 延 安
——到女大学习去

杜 惠 *

1939 年 10 月下旬的川陕公路上，一辆满载药材的卡车向北行驶着，驾驶室里，司机旁坐着一位年轻姑娘。她留着短发，身穿浅色花布旗袍，外套一件灰色粗线呢学生女大衣，座旁放着一只绛色小手提箱，外表庄重、平静，两眼专注地看向前方，看样子是位要出远门的中产阶级家庭的小姐。这就是我——中国共产党的青年党员邓惠君。我化装成娇小姐模样，说要去西安蒋记国民党军干校找家兄，实际是带着党的秘密组织关系，奔赴延安。在平静的外表下，我内心充满丰富而复杂的感情，时刻警惕着周围的动静，准备对付国民党特务的突然搜查和盘问。

向　往

1939 年 3 月 14 日，我实现了从初中以来的神圣愿望，加入了伟大的中国共产党，和我一同宣誓的是四川省立女中另一位高中同学冉成玺，地点在成都皮房前街 23 号回族同学马有贵家的一座破旧小楼上。出席秘密

---

* 杜惠，郭小川夫人，曾任光明日报社文教部、文艺部编辑、记者。

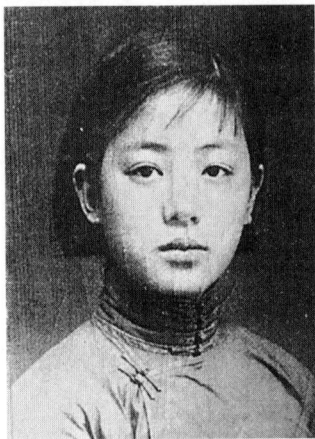

16 岁的杜惠

宣誓仪式的上级党代表郑伯克（当时只晓得他叫郑暴牙）说："在伟大的党的理论创始人马克思逝世 56 周年的今天，中国共产党的一个基层组织里又增添了两个红色细胞，是十分有意义的，是党的喜事，也是你们一生中永不能忘的大喜事！"从此，我就把这个日子当成自己新的政治生命的起点，也把生日改为这一天。

入党前，我在丰都县私立适存女中有过黄金般的初中求学时期。在那里，我接受了民族民主革命教育和共产主义的启蒙教育。到成都华英女中后，又有过政治思想上的苦闷时期。那是因为，1936 年夏，国民党四川省教育厅排斥进步的适存女中，不给品学兼优的我们全班发毕业文凭。我不得不以同等学力考入华英女中，才发现这是一所教会学校，实行着一些帝国主义的奴化教育：信奉上帝，早、晚、礼拜日要做祈祷，要读和唱赞美上帝的圣经（音乐课同此）；看不到任何进步书刊，听不到丝毫抗日民族解放斗争的消息；严禁学生的一切抗日救亡言行，双十二事变时还组织全校为蒋介石祈祷。我从一个光明的世界跌入了黑暗的深渊。我不甘沉默，进行了稚嫩而正义的必要反抗：公开拒绝参加一切祈祷，拒绝学习和歌唱圣经，还拒绝见到洋奴校长时规定的敬礼；又在傅作义将军进行绥远抗战时，带领一批同学，不顾学校阻拦，冲出校门到街市募捐，支援抗战。由于这些行动，我终于遭到学校的开除。我并不留恋这种学校，但这是对我政治上的侮辱和打击，渴望告发和揭露他们，却哪里可能呢？我陷入了深深的苦闷。

考入省女中，全面抗战已经爆发。我接触到一些进步同学，看到一些进步书刊，立即投入了抗日救亡宣传队，街头讲演，推销抗战刊物，理发募捐，缝寒衣支前，接受寒假战时学生军训等等，热情澎湃，感到了生活的充实、生命的意义。在军训中，认识了我入党后的重要而优秀的领导人——赵世兰大姐，这时她正是我们女生大队的指导员。

以上述实践活动为基础，又经过学习和党的考察，我被吸收为中国共产党的正式党员。从此，我好比一个孤儿得到伟大的母亲的抚育，好比一个盲人重见光明。我建立起为民族、为人民求解放，为共产主义事业奋斗终身的伟大目标，生命焕发出了无限的青春活力，心中充满了美好的向往。《游击队之歌》使我着迷，非常想到前方去打日本鬼子，当游击队员，牺牲生命也甘心。革命根据地的学习生活也吸引着我，向往革命大家庭的火热生活。

不久，从党的报刊上得知，党中央将在延安创立中国女子大学，培养妇女干部。我欣喜异常，向党组织表示想去学习的愿望。领导人说：可以向省委写个报告。我偷偷写好报告交上去。没几天，组织上通知我：省委已经批准我到延安去学习。从此，我开始与赵世兰大姐单线联系，直接受她领导。赵大姐后来告诉我，我报告里热烈和诚挚的感情，受到了省委书记邹风平的赞赏，也感动了她；一手小字他们也喜爱。

当时我在省女中读高二，眼看快毕业了。家境贫困，我不可能上大学。"毕业即失业"是当时绝大多数高中生面临的处境。即使偶尔有事做，我也不愿在国统区谋职业。这也是我渴望到前方或根据地去的原因之一。

赵大姐说：现在国民党已颁布限制异党活动办法，到处设特务据点，路上不好走了，只能搭自己的车，等组织上的通知。

1939年春、夏，日军轰炸成都。秋季开学前，省女中迁到彭县上课。我随校到彭县不久，组织上通知我：10月里参加第四届国民参政会的我党代表回延安有车，准备把我带过去。

我的心欢跳着，那日夜思念和崇拜的母亲城、革命圣地延安，那可以公开称呼"同志"、放心大胆学习革命真理的熔炉，那充满革命情谊和友爱互助的大家庭，那绝无"爱国有罪"却充溢着"革命光荣"气氛的光明之地，那可以摆脱金钱、贫困的烦扰，求学和衣食住行都不要钱的人间乐园……终于快成为我的归宿了！我真想狂叫起来："革命的母亲城万岁！"然而我不能有丝毫表露，只能自己偷偷享受这种欢乐和幸福的感情！

等　待

我写信给在重庆天府煤矿当文书的父亲邓石麟，说我要回成都看病吃药，请他代我向学校请病假并寄点钱来。我收到父亲信后，回到成都，住在文庙前街同窗好友周维林家。这所僻静的院落，只住着她三姐妹、母亲与一佣人。二姐维敬是党员，维林和大姐维芳是党的同情分子。我在此等车，日子平静而愉快，除看点书，就是陪好友散步，当时她正在家养病。

住了半个多月，已是 10 月初了，党组织忽然通知我：回延安的车，人太多，坐不下了；而且负责同志们还要参加鲁迅先生逝世三周年纪念会，那时你走也太冷了。你现在托周家大姐帮助找车，争取早走。周姐姐知道后立即热情地为我想办法。她们有位侯表叔，是川陕路上做药材生意的哥老会头子，经常有卡车来往。周姐姐立即去找他，回来告诉我：10月下旬有车，可以为我买下司机台的座位。

既然要独自去西安，紧张的准备工作开始了。我向赵大姐汇报后，她告诉我：一要改名换姓，以防万一被国民党发觉杀害我父母亲友；二要编造一套假履历，应付沿途盘查；三穿件花布旗袍，带只小箱子，装成中产阶级小姐；四出发的前一天午后 3 点取党的介绍信。

过了两天，我向赵大姐说："我喜爱杜甫的诗，改名叫'杜惠'吧。"现在的履历是：我父母在重庆某地住，已双双病故，哥哥某某在西安东门外军干校（这是赵大姐告诉我的）入学，现在让我转学到那边，他好照应。

赵大姐便带我演习起来。我反复背诵着新的姓名和履历，直到她几次突如其来地呼唤我真实姓名，我都置若罔闻时，才算过了关。

维林送我两件花旗袍、一件灰色粗线呢学生女大衣和一只小手提箱。

周姐姐带我到一所十分阔绰的院落去拜谢侯表叔。他给我一张名片，和气地说："川陕路上我的势力不小，谁找你麻烦，就拿出名片给他们看。"

一切都准备好了。

大约正是鲁迅先生逝世三周年10月19日这天前夕，周姐姐回来说："明早有车，今晚我带你到北门外住旅馆。"

下午按约定时间，到了有名的赵世炎烈士的家，一所古色古香的高雅的大庭院。进门绕过影壁，上房靠我右手头一间，是赵大姐住处。我汇报后，她从梳妆台抽屉里小盒内，拿出一个小纸卷放在我手心说："这是党的介绍信，比生命还宝贵的组织关系，它证明你是中国共产党的正式党员，到西安七贤庄八路军办事处时交给负责同志。"我激动地看着，这是一个约半根火柴棍长、两三根火柴棍粗、用蜡封好的小纸卷。赵大姐又说："你不能打开它。万一遇到危急情况，你必须趁敌人未发现时立即吞到肚里，绝不能让它落入敌人手里！绝不能泄露党的丝毫机密和任何革命同志！"

我一向不大爱说话，尤其年轻时候，便用庄严、坚毅的目光望着她，轻轻地点着头，心中牢记：无论遇到千难万险，宁肯牺牲生命，也绝不让它落入敌人手中！我用一方小手绢儿把它仔细包好，放入身边的小信封，再放入我里层的衣服口袋。这时赵大姐用双手紧握住我的双手，轻声说："把它缝到上衣腋下缝缝里，任何人也摸不出痕迹来。"随后又递给我两封公开的掩护介绍信，嘱咐我许多注意事项，把我送出房门，说："希望你胜利到达目的地！"我就匆匆告别了。

回到周姐姐家，她们已摆好丰盛的饯行晚餐等着我。很快吃完饭，维林帮我脱下蓝布学生装，穿上花布旗袍，互相祝愿着，真有点恋恋不舍。周姐姐走来说："不早了，快走吧!"出了家院，我和周姐姐坐上黄包车，直奔北城而去，在城外一家较大的旅馆住下。天色还不到黄昏，周姐姐叫人给泡了茶，打来洗脸水，我们洗漱毕，开开灯，关好门。我坐到蚊帐里，取出针线，给大衣里面左腋下缝缝里，缝进党的介绍信。周姐姐掀起蚊帐，也来帮我缝。我们彼此一句话也没有说。

两年前有同学去延安，也曾住过周家。我的情况从未细说，但和三位姐姐都是心心相印，而又心照不宣。

次日晨，天还黑着，我们起来。周姐姐付了房钱，打开手电筒，领我走出来。朝北的公路上已停着一辆开着车灯的大卡车，车上黑压压满装着货物，盖着篷布。走近后，司机向周姐姐问好，周说："这就是侯大爷的表侄女、我的表妹杜小姐，到西安军干校她哥哥那里去读书。你们一定照顾好，平安到达宝鸡。"她又拿出十块钱说："买下这个司机台的座位，就不要别人来坐了。"司机道了谢，叫小助手上了顶篷，说：我们就启程吧，杜小姐请坐好，周小姐请放心! 周姐姐紧紧握了握我的手，嘱咐我路上多注意冷暖、饮食，帮我关好车门，退到路边，车就开走了，天空是黑沉沉一片。

川 陕 路 上

终于平安度过了离蓉前的最后一关，踏上了北去的路，长舒了一口气，心中好似放下了一块大石头。然而，心情并不轻松，时时要警惕敌人的突然盘查，便默念着我的假履历，思考着应付种种情况的对策。

车行约一个小时，司机问过我一些情况后，带几分怀疑地说："陕西有个共产党的地区，许多青年往那里跑，你是不是要到那儿去?"我便装成毫无政治头脑什么也不懂的小姑娘，表示从未听说过这些地方。我说：

"现在我只有哥哥一个亲人，别处哪里也不敢去。"看来，算通过了他的盘问，从此他再没问过我的情况了。

晚上住店时，司机把我安排在里屋，他们住外屋，并叫我不要怕，还说有什么事由他们应付。我仍很警醒，和衣而卧，稍有响动就坐起来，以防不测。以后夜夜如此，幸好一直未出事。

可是，车行到第四天，刚启程不久，司机就对我说："刚来了位年轻军官，是回西安军干校的，要坐司机台，我说早给一位小姐买去，别人不能坐了，他才上了顶篷。"我听了心中一紧，恐怕来者不善，心想得仔细对付。用饭时，司机介绍了那位小白脸型的人，我故意说："能同路很高兴。"他也表同感。我十分平静地立即争取主动，问他教哪个班？到校几年？他说教 37 年的班，到校两年。我说哥哥刚考进去，不知他认识不？他说新生都还不认得。我这才放心了。饭后，他很客气地请我先上车，似乎表示好感。住宿时，司机将他安排在另外的房间，我心中向司机道谢，暗暗高兴。

车入陕西境，路旁有卖橘子的。这里的橘子比川橘小得多，颜色也没有川橘红。我买了好几斤，请他们三人同吃，都表示高兴。沿途用餐，我也常常买菜请他们。虽然我一贯生活简朴，但这一路上，我不能不表现得慷慨大方些，也是消除他们怀疑的办法之一。

几天后的下午卡车到达目的地——陕西省宝鸡市。我们一行住到离火车站很近的一家大旅店。晚饭后几个人聚在大客厅里谈下一步行程，我必须先静听教官的打算，才能摆脱这个很可能是国民党特务的可怕人物。司机说，他们在这里销完货再到西安玩两天。教官说，他要在宝鸡办点事，一两天后才走。他们请我住两天，之后同行。我心想，这正是甩掉教官的最好时机，便说："哥哥曾打电话催我，不得不坐今天夜班车先走。"

我想起赵大姐曾说，宝鸡是到西安前重要一关，如被人发觉任何可疑处，就会报告特务机关继续盯梢甚至追查。眼下我必须与他们好好周旋一番。这时，教官拿出一床漂亮的软缎川绣粉色被面，一定要送给我，看似别有用心。我故作羞怯，婉言谢绝道："到军干校哥哥同意后我再收下。"我问了他们到西安的详细住地，又坦率地说了我在西安下火车后要住的旅馆。赵大姐曾说，为了避免怀疑，这有名的旅馆可以讲。

晚 9 点左右我顺利地离开他们，走出旅店，沿铁路线往东不远，到火车站买好票。等了一阵，一趟列车从西边开来，我很快进入三等车的头节车厢，靠门边坐下。这是我有生以来第一次见到铁路，坐上火车，听到铁轨上轰隆轰隆带着颤抖的歌唱声，感到分外新奇，它把午夜的困倦驱散得无影无踪。我回忆着一周多来巧妙摆脱一些危险处境的情景，感到幸运和愉快。

晨 4 时左右列车到达西安。我下车往前走不远，右拐进一条大马路，很快就到了那家旅馆（可惜名字不记得了）。我订了一个单间，请他们早 3 时叫醒我，便睡下了。

起来早饭后，我向老板说："我到有名的珍珠泉浴池去。"在那儿洗澡理发，换上另一件花旗袍。我得把自己打扮得干净整洁，才不引人怀疑。回到旅馆，休息到下午约 4 点，请店里算账收钱后，我在柜台给那位教官留了一个公开的便条，说我去哥哥处，等教官回军干校再见。这完全是为了免除旅店的怀疑和盯梢。随后，出门见一忠厚朴实的黄包车夫，便大声叫他拉我到东门外军干校。等车往前跑了一段路，看周围无人，我才轻声说："快拉到七贤庄，我加钱！"车夫低低应了声，掉转车头便飞跑起来。到了一片长满杂草的空旷地，他说："这就叫七贤庄。"我悄悄说："你看周围没人的话，就立即拉到一号门前。"他说"没人"，就飞快地向空场左边绕去，在对面一排房子的左手边第一个院门口停下来。我早已在车上将双倍车钱给了他，跳下车来，心情非常紧张，恨不能插双翅飞进门去。赵大姐曾告诉我七贤庄八路军办事处门前发生过的不幸事件，如徘徊中的党员一下被特务抓走；乱问门牌号码的被旁边特务机关骗了进去；有些进步青年到七贤庄找党，也被特务机关害了。这门外是逃出国民党特务虎口的最后一道险关，怎能叫我不心急如焚！

七 贤 庄

真是万幸，我刚一叩门，门就立时打开，正好开了能容一个人的宽度。黄包车夫已走远，我闪进门，快乐地叫了一声多日来想好的第一句话："同志！"又说："我是带着党的介绍信从成都来的。"那位穿灰军服的漂亮的年轻战士面带微笑，亲切地点着头说："负责同志们早就等着你呢，快请到上房右边客厅去吧！"

我不知是跑还是跳，走过门洞，穿过小天井，上了几步台阶，跨进门槛，看到右边一间房子正开着门。此时已近黄昏，室内电灯明亮，一张大圆桌几乎占满了屋子，围桌坐着四五位负责同志。他们叫我快坐下，并递给我一杯茶。我一眼看到我的赵大姐，正惊奇她怎样一下子就来到了这里，真叫我喜出望外！她立即向我介绍了吴老（玉章）、林老（伯渠）、王明，说她是随他们车来的，比我晚动身几天，而小车跑得快，与我昨晚同车到达西安。两位十分亲切慈爱的老人不约而同地说："昨晚在三等车厢靠门边坐的就是你这个小姑娘！我们正坐在二等车厢最末尾，注意了你好半天！"王明说："你的情况，赵大姐已经告诉我们了，你就说说路上的经过吧。"我汇报后，把箱子和缝有党的介绍信的大衣交了上去。

吴老这时问我："你想到哪儿去呢？"我说："最想到前方打日本鬼子，当一名女游击队员！"大家都愉快地笑起来。林老说："小鬼，你体质太弱，到前方吃不消，那里很艰苦，还是到延安学习吧！"第一次听到"小鬼"这个革命队伍里的爱称，心中非常高兴。王明说："我是女大校长，今天就收下你这个学生啦，哪儿也不让去了。"赵大姐说："那就同我们一起回延安吧！"

我估计，正值参政会后我们党中央的代表回延安，沿途特务机关在那些日子里也不敢轻举妄动。我北上的这个特定时机，肯定是赵大姐和党外同志精心安排的，这是我胜利到达的先决条件。现在能跟赵大姐和几位负责同志同回延安，我的幸福感真是无法形容。

林老让一位同志领我到七号院招待所住下，好好休息。工作同志又马上送来一套灰布棉军装，还有军帽、棉鞋、毛巾、牙刷、厚袜子等物品。我第一次尝到供给制的欢快。军装虽然肥大些，但暖和极了，我成了名副其实的女战士，分外喜悦。我路上的花旗袍等一切用品全交给了组织，工作同志说：随时有到白区工作的同志，这些都用得着！

我已来到一个光明的新世界，过去对前途的迷茫和烦恼、川陕路上的紧张和忧虑已为之扫尽，好似身轻如燕的仙子，飘飘然，情绪里没有一丝牵挂，思想上没有一点束缚，心里只有无比的甜畅。可多日来的疲劳却一齐袭来，美美地一觉睡到了次日吃中饭。

我大约在七贤庄住了四天，每天都有同志教我们唱新歌——《延安颂》《八路军进行曲》《红缨枪》《黄河大合唱》，还组织我们到院外广场打过一场篮球。只是我们自己谁都不出招待所大门一步，也不到一号去，因为七贤庄一字排开的七个院子里，只有四个是我们党的，其余三个是国民党的特务机关，谁都怕被特务抓走。

奔 赴 延 安

一天早饭后，我由一位同志送到一号院门前集合。这里停着一辆黑色小汽车、两辆大卡车。几位负责同志坐小车，20 余人分头上了卡车，坐在公家的包裹上，几位八路军战士持枪站在车上前沿，保护小车和我们大家。上车时有同志交给我一个小药箱，让我沿途为大家服务。车上所有人都佩戴着八路军的胸章和臂章，以防国民党检查时捣乱。大家笑着向办事处工作同志致谢，告别。

我们向延安进发了！

一路行车，一路革命歌声不断，一路欢声笑语不断！旧社会何尝见过这样欢乐、这样幸福的人群和场面，真令人激动不已！

休息时，赵大姐向我介绍了一位李妈妈和她的小女儿李群。李妈妈说，她的大女儿莎莱早已到延安鲁艺学习音乐。赵大姐补充说，她已是有名的女高音了。李妈妈说，以后介绍我们做好朋友。

途中，几位负责同志领着大家参观轩辕黄帝的陵墓，吴老还给我们讲了有关历史。车子进入边区，看见手持红缨枪的儿童团员在站岗，大家欢呼起来，高唱着《红缨枪》的歌曲，大声向他们问好！我的心高兴得快要跳出来了！

右前方出现一座高高的宝塔，我知道目的地快到了。我在心里说："亲爱的母亲城，伟大的党中央的所在地，你好！你的千万个儿女中的又一个，回到你怀抱中来了！她将在你的革命熔炉里锤炼自己，把自己锤炼成一名坚强的无产阶级革命战士！让她向你致敬，向你欢呼吧！"

我坐的这辆车到中央组织部门前停下来，一位同志领我到一间办公室报到，又领我去吃中饭。饭后，他指着对面山上的一排排窑洞对我说，那就是中国女子大学。中组部和女大隔着一条小河，就是有名的延河，河两岸都是宽阔的沙土地。女大门前有一道矮矮的土墙，土墙内有一片黄土的广场。广场紧靠着几架高高的黄土山，山脚下有几间平房。他领我从一些小石头上涉过清清的不深的延河水，我捧起一点已被太阳晒得温暖的水尝了尝，似乎甜甜的，我心中荡起愉快的情绪。我走着，抬头望着女大两边和左边远处的一座又一座连接不断的黄土山，全都有着一排又一排窑洞，在初冬的艳阳下，山坡都闪着黄澄澄、金灿灿的光，我感到很新鲜。窑洞都在半山腰，好像童话中的天上人间一般美妙，使我立即爱上了它。中组部的同志指给我看杨家岭——党中央所在地，又指向军委和马列学院所在

郭小川、杜惠夫妇

地。这时我们已来到女大山脚下，他领我从左边小路上到半山腰女大政治部的窑洞里，向我介绍了张琴秋和林纳同志，又让我到组织科叶群的窑洞去报到。中组部的同志就回去了。女大的几位同志愉快地围着我说："听说你是自己从成都到八路军办事处的，还带着党的秘密介绍信！你这小鬼真了不起！"我只微笑着点点头，心中充满幸福和豪迈的感情。她们又问我些一般情况后，就让一位同志领着转过另一座山，到第六班一个小组里入学了。

为防止我的真实姓名泄露到国统区，中组部已经告诉我：就用现在"杜惠"这个化名吧，所以到了女大，同志们都亲切地叫我"小杜"。

我把欢跳的心平静下来，专心地投入学习中去，不久担任了班上的政治经济学课代表。

我政治生命里一个新的历程——六年延安学习生活从此开始了。

1989 年

我所经历的鲁迅文学院

成曾樾 *

走 进 鲁 院

我是 1984 年的夏天调入鲁迅文学院的前身——中国作家协会文学讲习所的。说起调到文学讲习所工作，是一件很偶然的事。1982 年 2 月，我从北京师范大学中文系毕业后，被分配到国家劳动总局工作，但我不想就此放弃所学专业，一直希望能进到文学单位。也是机缘巧合，一天，偶遇文学讲习所副所长徐刚的夫人王英琦。当她得知我想调动工作时，立刻说，你想不想调到中国作家协会工作呢？中国作协的文学讲习所是培养作家的，接触的都是作家和文学，对你来说，比在其他单位工作都更对口。我一听，立刻表示同意。就这样，一周后调动手续全部办好，自此，我便成了文学讲习所的一名工作人员。

其实，我对文学讲习所并不陌生，对它的历史更是谙熟于心。它的前身是 1950 年经政务院批准成立的中央文学研究所（丁玲任所长），办学地点在鼓楼东大街 103 号（有房子 76 间）。1951 年 1 月 8 日，中央文学研

---

* 成曾樾，曾任中国作协鲁迅文学院常务副院长。

究所第一期一班（研究员班）举行开学典礼，录取学员 52 人。以后又举办了三期，一大批作家曾在这里学习，其中包括徐光耀、马烽、陈登科、玛拉沁夫、邓友梅等著名作家。1953 年 11 月中央文学研究所更名为中国作家协会文学讲习所（简称"文讲所"），1957 年 11 月，文讲所停办，直到 1980 年 1 月，经中宣部批准，文讲所才得以恢复，并开始招收作家入所学习。

这样的文学殿堂对怀揣作家梦的我来说自然具有巨大的诱惑力。上大学时，我曾试图去文讲所听课，那是文讲所第 6 期少数民族作家班学员在雅宝路的空军招待所里上课，我悄悄溜进教室。自以为人多眼杂，可以浑水摸鱼，但刚坐下不久，便被细心的工作人员发觉，被客气地从教室里"请"了出去。今天，我终于走进了这座被称为"中国文学界的黄埔军校"的地方，自然是心中充满欣喜。

我调入文讲所时，所长是资深的文学评论家、编辑家李清泉，副所长是老作家徐刚，两位领导都是老革命（李清泉是老红军，徐刚是老八路），待人诚挚、热情。他们先要去我发表的一些作品，看后对我说，在文讲所工作主要是为作家学员服务，要做许多行政性工作和服务性工作，文学创作只能在业余进行，我表示完全接受。于是，我被安排在他们手下做了所部秘书。第二年，由于教学岗位人手紧张，我又被调到教务处，担任了教务处副处长，开始参与文讲所第 8 期（也是鲁迅文学院成立后的第 1 期）文学创作班的教学工作。后来，我先后又参与了开办作家进修班、文学创作函授班、与几所大学联合举办的研究生班等工作，并于 2003 年起参与了鲁迅文学院（以下简称"鲁院"）中青年作家高级研讨班工作。后来又担任了鲁院的副院长、常务副院长职务，直到退休。

我刚调入文学讲习所的时候，所里的一个中心任务是筹建鲁迅文学院。1984 年底，经中宣部批准，鲁迅文学院正式挂牌成立。说起鲁院名字的由来，还有个酝酿的过程，当时有一些老师和学员提议叫"中国文学院"，因为中国文学院的指向比较清晰，气派也大，但最终还是决定上报鲁迅文学院这个名称，理由是：一、中央文学研究所的精神传承可以上溯到抗战时期在延安成立的鲁迅艺术文学院，目的是为了培养革命的文学人才，加之中央文学研究所的第一任所长丁玲以及时任中国作协党组书记的张光年和拟任命的第一任鲁院院长的贺敬之等领导都与鲁艺有着深厚的感情。第二，苏联有个培养作家的学院叫高尔基文学院，高尔基是苏联的大文豪，鲁迅是中国的大文豪，且都是高擎革命文学旗帜的领军人物，所以叫鲁迅文学院非常合适。于是，鲁迅文学院的名称就这样定下来了，并得到了中宣部的批准。

艰难的办学

鲁院的一切对我来说无不充满魅力，它的魅力在于它是我所见过和经历的一所最特殊的学校，它的远播海内外的名气与艰苦的办学条件，它的骄人历史与命运多舛的遭遇，它独特的办学手段与普通院校的教学模式，这之间的巨大反差常常令人惊叹不已。我有幸与它有过一段共同的跋涉，那曾经的艰苦岁月刻骨铭心、令人难忘。

记得我1984年刚刚调入时的文讲所，居无定所，经费短缺，全体师生挤在安定门外小关一个绿化队的院子里，农舍般的平房，场院般的大门，诸多的业已成名的作家学员挤在低矮的小房里上课、住宿，没有餐厅，大家便捧着饭碗蹲在屋前的石阶上用餐，共用院子里的一个水龙头洗脸、刷碗，在露天的厕所里方便，用空酒瓶戏充文体比赛的奖品。在那个晴天一地土、雨天一片泥的院落里，你听不到一句牢骚或抱怨，所有人的脸上都带着欢愉的微笑，每个人的内心都是那样的快乐、充实。来为学员授课的各路名家、学者，络绎不绝地出现在那个宛如乡村农居的院落里，同切磋、共研讨，师生们在土房中尽情享受着文学的阳光与盛宴，时常能听到的朗朗笑声、歌声，不由让人想起了那个抗战中的延安，想起了那个巍巍宝塔山下、滚滚延河水边的享誉中外的鲁艺和相聚在那里的文学精英们。

记得中央乐团的著名指挥李德伦先生来讲交响乐，一进绿化队的院门便立刻睁大两眼，好奇地四下观看，继而笑着问："你们就在这里办学？"我点点头，猜到了他的疑问，便向他说明了文讲所当时办学的艰难状况。他边听边看，脸上不时流露出钦佩的表情。我猜想，这位指挥大师一定是平生第一次到这样的农家院里来讲课，而且是讲述高雅艺术的交响乐，其间的巨大反差，一定令他备感惊奇，也倍感振奋。也许是这个原因吧，李德伦先生那天的课讲得极为精彩，不但详细地讲解了交响乐的基础乐理，还结合具体作品特别是对照一些革命歌曲、流行歌曲特点进行分析，深入浅出，语言幽默，令学员兴趣大增，课堂里不时爆发出阵阵欢快的笑声和热烈的掌声。听了一课还嫌不够，于是又邀请老人家来讲了第二次。

老所长丁玲也来到这个院子里讲课，老人家也许是与农村打了多半生的交道，还曾写过一部以农村为题材并获得了斯大林奖的小说《太阳照在桑干河上》，所以并未明显感觉到鲁院简陋的办学条件，像到了家里一样，特别是与一群朝气蓬勃的青年作家见面，更是格外高兴。当时在这个院子里学习的是文讲所第 8 期文学创作班的学员，他们来自全国各个省、市、自治区，都是经过地方作协或解放军总政推荐、鲁院考试后录取的，学员素质高，创作成果瞩目，其中有近一半的学员获得过国家级的文学奖，如邓刚、刘兆林、朱苏进、吕雷、张石山、赵本夫、李发模、梅绍静、姜天民、孙少山、唐栋、简嘉、李叔德、魏继新等。丁玲对新一代作家寄予了无限的厚望，她在课堂上点着青年作家邓刚的名字说："我看了你写的以大海为题材的小说，《迷人的海》《龙兵过》等，真是写得好，我写不出。"夸得时任班长的邓刚有些不好意思。丁玲还请班里的一些学员去家里做客，关切地询问他们的学习情况和创作计划。

鲁院新院址大楼

1985 年，在中国作协和各方的努力争取下，鲁院终于在北京市朝阳区八里庄获得了一块 8 亩地的校园，盖起了一座面积 5000 平方米的 5 层楼房，从此，鲁院结束了多年在外漂泊，靠临时租房办学的窘境。之后，随着国家经济的快速发展和精神文明建设不断加强，2010 年，鲁院在芍药居中国现代文学馆的院内又盖起了一座面积 6000 平方米的 6 层楼的校舍，鲁院的办学条件获得了前所未有的改善。加之国家对办学设施和经费投入的不断加大，所有入院学习的学员一律享受单间住宿，免交学费、社会实践费、住宿费，生活确有困难的学员还可减免饭费，开启了鲁院办学的全盛时期。有些人感慨地说："现在的鲁院今非昔比，真是鸟枪换炮了。"

鲁院的课堂

鉴于作家培训的特殊性，鲁院的授课教师一直以外聘为主。20 世纪50 年代，文学研究所的课程主要以文学为主，所以，授课教师多为著名作家和大学文学系教授，如郭沫若、茅盾、周扬、老舍、叶圣陶、冯雪峰、柳青、郑振铎、余冠英、聂绀弩、俞平伯、赵树理、吴组缃、李何林、黄药眠、严文井、艾青、刘白羽、周立波、陈涌等。可谓俊采星驰，巨擘云集，每一期的教学都不啻为一场文学的盛会。

我虽然那时刚刚出生，无缘当年的盛会，但却有幸目睹了改革开放以来的文学院的胜景并亲历其中。随着时代与文学的发展，鲁迅文学院的教学视野较之 20 世纪 50 年代更加开阔，课程更加丰富，更加前沿，涉及的领域也不断扩大，除了文学与写作外，政治、经济、军事、外交、科技、宗教、艺术（含电影、戏剧、音乐、美术、舞蹈、曲艺）、体育，甚至气象、航天等也都纳入了教学范围。延请的授课老师也都是各个领域具有权威性的领导和专家，比如，时任中央党校副校长李书磊为学员讲授马列主义原理与科学社会主义，外交部部长李肇星讲我国的外交形势与对策，国家发改委常务副主任朱之鑫讲经济，中央农村工作办公室主任陈锡文讲农业，张召忠少将、马骏讲军事，国家宗教局局长叶小文讲党的宗教政策，国家气象局局长秦大河讲气象，嫦娥计划首席科学家欧阳自远讲飞船登月，第 28 届奥组委副主席蒋效愚讲奥运会的筹备与实施，文化部副部长、故宫博物院院长郑欣淼讲故宫，国家广电总局电影管理局局长张宏森讲电影，中国科技馆馆长王渝生讲科技等。讲授文学创作的作家和评论家就更多了。如张光年、冯牧、铁凝、王蒙、季羡林、秦兆阳、曹禺、姚雪垠、周汝昌、冯其庸、王朝闻、萧军、汪曾祺、茹志鹃、林斤澜、李準、刘绍棠、邓友梅、张贤亮、李国文、丹增、陆文夫、徐怀中、王愿坚、吉狄马加、李敬泽、何建明、张炜、陈建功、莫言、贾平凹、高洪波、白庚胜、廖奔、阎晶明、吴义勤、刘恒、张炯、刘再复、雷达、白烨、谢冕、格非、曹文轩、张承志、梁晓声、阿来、刘庆邦等都曾多次到院给学员授课。因长期在教务处工作的缘故，我几乎接待过绝大部分的老师，并全程随学员听课，受益匪浅。其中也遇到过一些难忘或有趣的事。

陈锡文是我国著名的农业农村专家，也是相当级别的领导，但为人十分谦逊。我在向学员介绍他时说，中央连续多年出台关于农业问题的一号文件，都是由陈锡文主任具体起草和主持的。这时陈锡文主任忙打断我的话说："可不能这样讲，一号文件是由中央做出的，我只

作者与到院授课的著名作家刘恒（左）合影

是参与了其中的一些具体工作。"其认真、求实和平易的态度令我很受教育，同时也为刚才不准确的粗浅介绍感到不安和惭愧。

国家宗教局叶小文局长讲课的特点是政策性强，敢于接触热点问题与焦点问题，信息量大，许多事件都是他亲身经历过的，如护送国宝佛舍利去境外展出，参与第十一世班禅的金瓶掣签等，都是代表国家在现场进行指挥或监督，因此很具权威性。加之讲述生动，语言幽默，很受青年作家欢迎。小文局长做事极为认真，每次上课前都是早早就赶到教室，提前将课件与投影设备连接好，并试播一下进行检查。有一次，院里安排一位主管教学的副院长负责接待小文局长并主持讲课，但临到上课前，那位副院长有急事走了，只好由我临时顶替，没想那天的设备就出了问题，耽误了十多分钟，小文局长很是不高兴，严厉批评我说："每次上课之前你都要提前检查一遍，否则耽误了上课多不好。"我当时感到有些委屈，想做一点解释，但一想有什么可解释的呢？虽然不是我具体负责，但是作为院里的主要领导我还是负有不可推卸的责任。再说，叶小文局长经常来讲课，彼此熟悉了，所以没把我当外人，当面批评我几句也是应该的，何况还是为了教学。小文局长后来调任中央社会主义学院党组书记，官至正部级，

但仍坚持每期来院上课，令人感动。有一次他还带来了一把漂亮的大提琴，对我说："院长，今天我想在课堂上给作家们拉几首曲子，你看行不行？"我说那当然好了。后来才知道，小文局长不但专门学过大提琴，而且还在许多音乐厅里表演过独奏，可谓多才多艺。

中科院院士、中国月球探测工程首席科学家欧阳自远老师学识渊博，谈吐儒雅、为人谦和，他到鲁院讲授的《空间探索与中国的月球探测》一课非常受欢迎。他用通俗易懂的语言讲解了为什么要进行太空探索和登月工程，以及我们国家航天下一步将要突破的重点是什么。他当年讲述的要完成太空行走与飞船的交汇对接，为建立空间站打好基础，现在都已经得到了圆满实现，由此不难看出我国的航天事业发展之快。欧阳老师讲课后，通常都是由我和领课老师陪他在鲁院的食堂吃工作餐，边吃边聊。聊天中听欧阳老师讲述了许多他当年经历的事情，如我国第一颗原子弹是用手动葫芦吊装到 100 多米高的试爆架子上的；试爆前，他陪同张爱萍将军在飞机上进行了最后视察，以确保核试验万无一失。在我国第一次进行地下核试验时，周总理要求他保证做到不能污染一条相距 30 公里的河，令他绞尽脑汁，但最终终于圆满完成任务，这些都是我以前不知道的。

有些老师的课还涉及保密的内容，所以在授课前总是叮嘱我们不能外传，特别是一些有关经济、军事和外交方面的数据和内容，鲁院的学员在这方面都做得很好，保密意识很强。倒是有一次，我差点提早泄露了一条秘密。那是 2008 年北京奥运会组委会副主席蒋效愚来鲁院讲奥运会的筹办，在说到奥运火炬传递方案的时候，蒋副主席透露说，我们的火炬传递要翻越珠穆朗玛峰，我听后简直惊住了，这怎么可能呢？那么险峻的地方空手爬上去都费劲，更别说拿着火炬了，难度也太大了。蒋效愚副主席当时叮嘱说，这个方案现在还处于保密阶段，请大家不要对外讲。几天之后，我去参加一个小范围的同学聚会，其间大家聊起了最热门的奥运火炬传递，众说纷纭，什么猜测都有，我便忍不住说："会不会翻越喜马拉雅山啊？"大家听完都嘲笑我是浪漫主义的异想天开，怎么可能呢？后来奥运火炬真的翻越了珠穆朗玛峰，大家都惊住了，纷纷问我，你当时是怎么想到的？我说我哪里想得到啊，那是在鲁院的课堂上听奥组委副主席讲的。

20世纪80年代中期，我还请过黄永玉先生来鲁院讲课，记得他那时住在一座普通的楼房里，房间并不大，稍宽敞一些的客厅里到处都是笔墨、颜料，画案上还铺着一幅未完成的画作，他爽快地答应了到鲁院讲课的事。我便和他商定几点钟来车接，他说："不用接，我自己开车去。"那时国内还没有什么私家车，我问："这车是您买的？"他笑着说："是国外的朋友送的。"上课那天，黄先生果然开着车来了，那是一辆进口的白色斯柯达轿车，十分漂亮。给我的感觉，从车上下来的这位穿着风衣的大画家好像是一位年轻人，浑身充满活力。他似乎对我建议的讲画画兴趣不大，并未按照我说的课堂计划走，而是像聊天一样地和学员们拉起了家常，漫谈起他的一些经历和见闻，我记得他讲了前不久回湘西老家的一些情景。时值隆冬，他的一个表叔特地跑去看他，两个人边喝酒边聊天，亲意融融，酒至半酣，天色已晚，窗外忽降大雪，表叔起身推开房门，走进雪中，像孩子一样的兴奋，之后敞开衣襟大笑而去，消失在一片白茫茫的田野之中。他的描述细致、生动，娓娓铺陈，像是在你的眼前展开一幅冲淡的水墨画一般，意蕴隽永。他的课在这些生活场景中延展，深入，引人入胜。课后，学员连呼过瘾，说这样的课有深意，虽未直说文学、美术，但却让你从中悟出许多文学艺术的真谛。

季羡林先生学识渊博，学贯中西，言近旨远，讲课极受学员欢迎，每次去到季先生家里请他授课，他都热情应允，并认真备课。他还曾赠我书法一幅，上题"雏凤清于老凤声"，体现了对年青一代的殷切希望。

李準和汪曾祺先生是两位文学大家，来鲁院授课次数较多。他们的创作风格并不相同，但在重视文学的细节上却是出奇的一致。李準先生的课就叫《论细节》，他认为好的小说一定要有细节，甚至有数量的要求，如短篇小说起码要有 1 到 2 个细节，中篇小说要有 3 到 4 个，长篇小说最少要有五六个。这些宝贵的经验之谈令学员获益匪浅。汪曾祺先生对作品细节的追求更是不遗余力，他的《大淖记事》《受戒》等名篇都是运用细节的典范。

时任北京师范大学研究生院副院长的童庆炳教授曾为莫言所在的研究生班讲授《创作美学》这门课，童教授的课对复杂迷人的文学创作过程进行了深入的论辩和推衍，给人以创作诗学意义的启示。当童庆炳讲到文学的内容和形式之间对抗产生的审美愉悦时，莫言回忆说："我当时就很兴奋，似乎感受到了一种伟大的东西，但朦朦胧胧，很难表述清楚。十几年来，我经常地回忆起这堂课，经常地想起蒲宁这篇小说（指《轻轻的呼吸》——编者注），每次想起来就产生一种跃跃欲试的创作冲动。"这种潜移默化的启迪对作家的影响是巨大的。

山西作家李俊虎在《在鲁院听讲座》一文里写到听王蒙讲课的感受，说："王蒙旁征博引，从小说的功能、元素、取材、风格等方面遍举古今中外作家作品的例子，令青年作家们大开眼界，尤其六七十年代出生的作家，如醍醐灌顶，有'听君一席话，胜读十年书'之感慨。听到妙处，心生喜悦，几有孙猴子学道时手之舞之，足之蹈之的感觉。"

青年女作家马小淘曾写《在鲁院》一文，她说："并不繁重的学习安排得合理而巧妙，不知不觉中，我收获了来自四面八方的观点和信息。文学以外，很多闻所未闻的大文化课像远方的明信片，为我狭隘的视野打开了崭新的窗口。"

鲁院还经常聘请作家和一些知名文学刊物的主编对学员进行创作辅导，并约稿、选稿，逐渐形成了鲁院的创作辅导导师制。夏天敏是来自云南的青年作家，曾荣获第三届鲁迅文学奖。在谈到鲁院对他的帮助时说："2001 年我到鲁院读书，随身携带了三部经过长期酝酿精心打造的中篇小说，其中就包括我获奖的成名作《好大一对羊》，临近学习结束，学校请了在京的几家有影响的权威刊物，如《人民文学》《当代》《十月》的主编来学校看稿、选稿，出人意料的，我的三部中篇小说都被看中，《好大一对羊》在当年的《当代》文学拉力赛中获得冠军，后来在年度的评选中又获得总冠军。这之后，《好大一对羊》获得第三届鲁迅文学奖中篇小说奖，这个消息不仅在我所居住的小城是个爆炸新闻，就是在云南省也引起强烈反响。因为在此之前云南的作家从未得过此奖。"

创作辅导导师制是鲁院教学的一大特点。中青年作家高级研讨班开办以后，这种制度日臻完善。所谓创作辅导导师制就是聘请专门的创作导师，以每个导师带 4 到 5 个学员的办法，采用面对面交流、座谈研讨、审读作品、推荐或评论作品等形式，对学员的创作进行有针对性的辅导。聘请的创作导师都是著名作家、评论家、编辑家，他们既有较高的理论水平，又有丰富的创作经验和评论、编辑实力。如曾担任过文学创作班、研究生班和高研班导师的有秦兆阳、王蒙、林斤澜、韶华、汪曾祺、从维熙、李国文、王愿坚、程树臻、谢冕、张志民、牛汉、宗璞、崔道怡、吴泰昌、曹文轩、陈晓明、李敬泽、雷达，文学期刊的主编有艾克拜尔·米吉提（《中国作家》主编），叶梅（《民族文学》主编），商震（《诗刊》主编），王干（《小说选刊》主编），宁小龄（《人民文学》副主编），陈东捷（《十月》主编），李师东（《青年文学》主编），杨晓升（《北京文学》主编）等。

甘做人梯的伯乐

鲁院的历任领导多是一些很有名气的作家、评论家，如先后担任过中央文学研究所和鲁院领导的丁玲、张天翼、李清泉、徐刚、唐因、古鉴兹、李一信、孙武臣、周艾若、雷抒雁、吉狄马加、胡平、白描、王彬、李一鸣、施战军、邱华栋、徐可等，此外，还有担任过鲁院部门领导的评论家何镇邦、杨桂欣，作家礼平、杨觉、王树增等。正是因为有这样一批思想素质高、文学成就高的领导和教师，鲁院的工作才得以顺利发展。

李清泉是我进文讲所时的第一任领导，是 1937 年参加革命的老红军，新中国成立后长期在文学编辑界任职，被誉为文坛伯乐，经他手发现和扶持过的作家不在少数。20 世纪 80 年代初，他在《北京文学》杂志任主编时，曾拍板发表当时并不太被看好的汪曾祺的小说《受戒》。后调任《人民文学》杂志副主编，编辑向他诉苦说没有好稿，他便亲自翻阅积压的自然来稿，从中发现了一篇小说《兵车行》，作者是新疆军区的一名战士，叫唐栋。经过修改，刊发在《人民文学》头条，小说一经发表，立刻在读者中引发强烈反响，还获得了当年的全国优秀短篇小说奖。唐栋也被解放军总政治部推荐到文讲所学习，刚好这时李清泉被任命为文讲所所长，两个人相聚在文讲所，又成了一对文坛师生。

鲁院也曾创办过一本教学刊物《学文学》，我曾任小说编辑。在苦于没有好稿的时候，也是李清泉亲自审稿，发现了一篇好小说，作者叫洪峰，名不见经传，李清泉亲自编发了这篇小说，并撰写评论，发表后引起文学界瞩目。洪峰后来又陆续写出一批有分量的小说，从而跻身知名作家之列。李清泉曾对我说，看小说一定要认真细致，不能让好作品在咱们编辑的手中埋没。并亲口对我讲述了发现《兵车行》的例子，令我受益匪浅。有这样的伯乐为鲁院发现和培养学生，鲁院的教学质量怎能不高呢？

雷抒雁是著名诗人，因歌颂张志新烈士的著名诗作《小草》享誉全国。他上任院长后，把全部精力放在办学上，写作全都放在业余时间或晚上。他曾对我说，"办学是咱们鲁院老师的主业，必须要全身心投入，但写作也不能丢，否则就会止步不前，无法适应鲁院的教学需要。"因此不管怎么忙，他都坚持笔耕不辍，每年保持至少出版一本新作的速度，直到逝世。在八宝山为他举行告别仪式那天，院子里挤满了从各地赶来的鲁院学生和文学青年，自发在院子里朗诵他的诗歌，场面感人。

曾任常务副院长的胡平是一位著名文学评论家，经他评论或评点过的学员作品不计其数，尽管这些评论占用了他大量的时间精力，但他从无怨言，令学员深受感动。

白描是一位著名报告文学作家，他任常务副院长期间正是高研班教学最繁重的时候，根本挤不出时间写作，他索性宣布，为了全力以赴办好学，暂停自己的写作，直到2012年退休以后，他才重拾创作，发表了长篇纪实文学《天下第一渠》，引发轰动。

文学评论家何镇邦曾任鲁院教学研究室主任，在他的发起和策划下，鲁迅文学院与北京师范大学研究生院联合举办了文学创作研究生班，招收了一批具有创作实力和发展潜力的青年作家，如莫言、刘震云、余华、迟子建、毕淑敏、严歌苓等，在文学界和社会上引起很大反响。

与我曾在一个办公室的礼平是一位作家，北京四中的老高中生，40多年前因发表小说《晚霞消失的时候》而大名鼎鼎。小说发表时曾在社会上引起很大争论，为此还开展了一场大争鸣，专家、读者观点各异，褒贬不一，有些持否定意见的人甚至提出要对此作品给予严厉批判。大争鸣引起了上层的关注，时任共青团中央领导的陈昊苏骑着自行车去礼平家找他，与他当面进行交流，并以团中央的名义委托中国青年出版社组织了一次礼平作品讨论会。中央主管意识形态的胡乔木（时任中共中央政治局委员）专门邀请礼平去他家里做客，与他探讨这篇小说，可谓轰动一时。几十年过去了，礼平一直是低调行事，极少提及自己的作品，但还是有人记着他，导演张艺谋还慕名找到他，邀请他撰写电影剧本。后因种种原因没有投拍，有些可惜。礼平告诉我，写《晚霞消失的时候》，"文革"还没有结束，当时也没有想到发表，更没有想到发表后会引起那么大的反响。但是出名以后也没觉得可以靠写小说吃饭，一切还是顺其自然为好。

鲁院的领导班子组成历来为中宣部和中国作协高度重视，这从院领导

在鲁院八里庄校区，作者与中国作家协会主席铁凝（右）合影

的配置上便可见一斑。第一任鲁院院长是时任中宣部副部长的著名作家贺敬之，可谓集老延安、老领导、老作家于一身。后来接任院长的是张健（时任中国作协党组副书记，全国人大常委会委员）、钱小芊（时任中国作协党组副书记，后任党组书记，中共中央委员）、吉狄马加（中国作协副主席，全国人大常委会委员），均为部长级干部，这在中国作协直属单位中是级别最高的。下配常务副院长一名（正局级），副院长两名（副局级），加上办公室主任，组成 5 人的院长办公会议，定期研究部署工作。强有力的领导班子有力保证了学院教学工作的顺利开展。

中央领导和中国作协的历任领导对鲁院更是关爱有加，如鲁院举办中青年作家高级研讨班就是在 2001 年召开的全国青年作家创作会议上，由时任作协党组书记的金炳华向丁关根同志提出的设想，立刻得到丁关根的赞同并给予批准、拨款。鲁院高研班开班后，时任中共中央政治局委员、中宣部部长的刘云山同志两次到鲁院接见全体师生，并与师生一道集体会餐和开展联谊。中国作协主席铁凝和党组书记李冰、钱小芊对鲁院的工作更是时时给予高度重视和具体指导，每次开学和结业典礼，作协党组成员都是悉数出席，令鲁院师生倍感鼓舞。

从丁玲等老一代创始人算起，今天的鲁院已承载了至少三代人的努力与奋斗，正是那些为了鲁院的事业和发展而忘我工作、无私奉献的人们，用他们那一颗颗火热的心、赤诚的肝胆凝聚成了鲁院今日的灿烂与辉煌，铸成了弥足珍贵的鲁院精神——忠诚事业，甘做人梯，为繁荣社会主义文学和培育文学人才无私奉献。

群星璀璨话桃李

从 1950 年 12 月成立的中央文学研究所至今，鲁院已走过了 72 年的办学历程，筚路蓝缕，不畏艰辛，为国家培养了数以千计的文学创作、文学评论、文学编辑人才。其中不乏众多被读者所熟知的著名作家。

如 20 世纪 50 年代的学员中就有马烽、陈登科、徐光耀、玛拉沁夫、邓友梅等一批作家，他们认真学习、勤奋写作，陆续创作出一批有较大社会反响的作品，仅其中改编成电影的作品就有徐光耀的《小兵张嘎》、马烽的《我们村里的年轻人》、董晓华的《董存瑞》和谷岩的《狼牙山五壮士》、白刃的《兵临城下》、梁信的《红色娘子军》、朱祖贻的《甲午海战》等。梁斌的《红旗谱》也是在中央文学研究所工作时完成的，这些经典性作品直到今天还被读者和观众所津津乐道。

1980 年 1 月恢复文学讲习所后，又有一大批作家在这里学习深造，潜心创作，其中耳熟能详的有蒋子龙、王安忆、张抗抗、叶辛、古华、陈世旭、贾大山、陈国凯、韩石山、孔捷生、叶文玲、高洪波、乌热尔图、邓刚、刘兆林、赵本夫、朱苏进、张石山、李发模等。

1984 年 11 月文学讲习所更名为鲁迅文学院，在鲁院学习过的作家就更多了，如莫言、刘震云、余华、迟子建、严歌苓、毕淑敏、何建明、徐星、叶文福、王宏甲、关仁山、何申、谈歌、周梅森、张平、陆天明、范小青、麦家、柳健伟、徐坤、邵丽、欧阳黔森、孙惠芬、艾伟、雪漠、马丽华、邱华栋、徐则臣、周晓枫等。其中，王安忆、古华、莫言、柳建伟、周大新、迟子建、刘震云、麦家、徐则臣等都获得了茅盾文学奖，至于鲁迅文学奖的获得者就更多了。

由作品改编成电影的也是硕果累累，如古华的《芙蓉镇》，邓刚的《站直了，别趴下》，陈源斌的《秋菊打官司》，严歌苓的《金陵十三钗》《归来》《妈阁是座城》《芳华》，刘兆林的《索伦河谷的枪声》，柳建伟的《惊涛骇浪》，鲍十的《我的父亲母亲》，赵本夫的《天下无贼》，迟子建的《额尔古纳河右岸》，刘震云的《手机》《我不是潘金莲》，全勇先的《悬崖之上》等。

当然，说起轰动和反响最大的还是莫言荣获诺贝尔文学奖。记得那是2012 年的 10 月，莫言获奖的消息传来，在院学习的学员们都很兴奋，认为大师哥获得了这样的荣誉实在是鲁院的骄傲。但过了一天，见院里没什么动静，便通过班主任找到我反映说："这么大的一件事，鲁院怎么一点表示也没有啊？应该庆贺一下才对。"我听后半认真半开玩笑地对班主任说："鲁院的学员获奖很正常，包括诺贝尔文学奖。"虽然是半开玩笑，但这是我的真心话，因为在我看来鲁院的学员获得什么奖都是意料之中的。但不管怎么说获诺贝尔文学奖毕竟是一件大事，毕竟是中国首次获得诺贝尔文学奖，也是鲁院学员第一次获得世界级殊荣。学员们的意见提得有道理，应该庆贺一下才对，而且对激励大家创作有好处。于是我便拟定了一句话，放在一楼大厅的大型电子显示屏上："祝贺曾在我院学习的莫言荣获诺贝尔文学奖!"尽管这句话在情绪的表达上显得不是十分的激昂，但我以为比较恰当，因为一个作家的成功与获奖，是多种因素在发挥着作用，就像一个拿了奥运会金牌的运动员，他的老师、家长、历任的教练、同伴、队员，甚至是观众都起到了很大的作用，所以你不能把功劳全部归结为某个教练或某个体育学校的头上。莫言曾在我院学习，这是事实，但我们不能说莫言获得了诺奖就是鲁院培养的结果。尽管莫言曾多次提及在鲁院的学习，认为这是一段很重要的学习经历。

其实莫言获奖我的确是不太惊奇，原因是莫言在进入鲁院与北师大合办的文学创作研究生班时已发表了《透明的红萝卜》《红高粱》等小说名篇，已引起文坛和读者的关注。其次，他的作品翻译的数量相当多，在国际上拥有较大的读者市场。记得莫言进文学创作研究生班（1989年5月8日开学）学习时，我正在日本埼玉县学习。有一天我的一位在日本做教师的朋友找到我，说是埼玉县有一个文学读书小组，听说我是从中国来的作家，还是鲁迅文学院的老师，想邀请我去参加他们的一个讨论会，讨论会的题目是莫言的小说。听后令我大吃一惊，想不到莫言的作品在日本民间也拥有如此广泛的读者。而且更让我吃惊的是去到现场一看，参加讨论会的竟都是些四五十岁的日本家庭妇女，每个人手里都捧着一本莫言的小说，讨论时的态度也格外认真。所以说莫言获奖还是有相当的读者基础的。此后我还在国内参加过一个莫言的作品研讨会，那已经是莫言获诺奖之后了，也是一个民间读书小组，研讨会地点在云南的瑞丽，他们希望我能讲一讲"莫言的获奖与莫言的小说"这个题目，在一间宽敞而朴素的会议室里，与几十位文学爱好者和业余作者共同研讨一位鲁院学员的作品，令我很受感动。同时也让我感受到了文学具有的打动人心的力量，进一步领悟到了在鲁院工作的意义。

耕耘文坛，培养新秀，几十年劳作不息，鲁院桃李满天下。也许可以这样说，在中国只要是有作家身影的地方就一定会有鲁院的学员。我曾经遇到过这样两件事，印象很深。一件事是应澳门基金会的邀请为第十届澳门文学奖暨第五届"我心中的澳门"全球华人散文大赛颁奖。这个奖项是澳门最重要的文学奖项，颁奖会在澳门科学馆举行，时任澳门特首崔世安及中央驻澳门办主任、外交部特派员等悉数出席，会场气氛十分热烈。那天我负责给获得征文大赛二等奖的作者颁奖，没想到两位获奖者竟都是鲁院的女学员，一位是徐坤（时任北京市作协副主席）、一位是乔叶（时任河南省作协副主席）。她们也没想到居然是我给她们颁奖，师生在颁奖台上见面，都有说不出的高兴。她们说："能在澳门的领奖台上接受鲁院院长的颁奖，实在是太激动了。"

另一件事是在退休以后，那次是我和两个朋友自驾去黑龙江旅游，其中一个朋友为写一篇纪实文学顺路去采访了一位县广电局领导。那位领导一见面，便立刻叫出了我的名字，我感觉很惊奇，后来才知道，原来这位广电局的领导是一位作家，曾经参加过鲁院在哈尔滨举办的培训班，听过我的课，而我却不记得他了。我的朋友说："想不到在这样偏远的地方还有你的学生，鲁院真是桃李满天下呀！"

由于鲁院的作家学员多，许多朋友遇到有关文学方面的事便经常来找我帮忙。有一次，一位旅居国外的朋友打来电话，说是他所在的出版社想翻译一本中国作家的书，这位作家叫乔良，是一位军人。但他不认识这位作家，更没有联系方式，曾经托过不少人联系，但都联系不上。我听后告诉他："乔良我认识，我来联系吧。"乔良是文讲所第 8 期文学创作班学员，当时在空军服役（现已晋升少将）。我很快便联系到了乔良，乔良当时正在与一家出版社商洽翻译那本书出版的事，结果便改与我那位朋友所在的出版社签了合同。这样的事还有不少，都是因为要找的作家是鲁院学员的缘故，所以帮起忙来比较方便。

还有一次是去珠海游览东澳岛。小岛虽远离陆地，但风景秀美，气候宜人，岛上有不少居民，每天还有大量游客涌入，但岛上治安很好，据说是有警察在岛上常年值守。晚上吃饭时，聊起了畅游小岛的感受，没想到陪同我们吃饭的作家唯阿告诉我，他竟是岛上的第一任驻岛警察。唯阿是鲁院学员，也是一位小说家，在岛上独自值守的几年里，他白天执勤，晚上写作，用文学的力量战胜了孤独与寂寞，至今已出版了好几部小说集。

天南地北，内地边陲，只要有鲁院学员活跃的身影，便会有源源不断的作品涌现。我在鲁院工作期间最大的收获和喜悦就是几乎每天都能收到学员送来或寄来的作品，有书、有报纸、有杂志，学员有新作发表或出版，都会在第一时间寄来鲁院与领导、老师分享。几十年间，我收到的作品要以箱以柜来计算，以致在我退休的时候，狭小的家里实在是放不下那么多的签赠书籍，只好捐出一大部分给了鲁院阅览室。学员们取得的丰硕创作成果是对鲁院工作的最好检验与回报。望着书柜里那一部部来自学员的作品，我常想，如果有一天能把鲁院所有学员的作品都一一展示出来，那将会是怎样一个规模宏大的文学作品博览会啊。

正如常务副院长雷抒雁所总结的那样："鲁迅文学院以她独特的教学方式，为中国文坛输送了数以千计的文学人才和数以万计的业务文学力量。他们广布于祖国的天南海北、各个民族、各个行业。在新中国的文学发展史上，鲁迅文学院以自己的业绩，奠定了稳固的位置。"

2002年创办的中青年作家高级研讨班掀开了鲁院历史上新的一页，续写了鲁院新的辉煌。至今鲁院已举办高研班40期（其中包括我国首次举办的、由来自全国55个少数民族的55名学员组成的少数民族作家班），约2000名优秀的中青年作家、编辑家、翻译家和理论批评家在高研班里

高研班学员参观航天城并与宇航员刘洋合影

完成了学业，日渐成为我国文学大军中的骨干或领军人物。此外鲁院还举办有少数民族文学创作培训班（已举办 36 期），网络文学作家培训班（已举办 20 期），以及其他各类文学培训班，培训地点也扩展到新疆、西藏、内蒙古、宁夏、广西、四川、重庆、河北、上海、浙江、安徽、云南、贵州、青海等各省、市、自治区和澳门特别行政区，形成了多层次、多类型、多区域、多行业的文学创作培训业态，为壮大作家队伍源源不断地输送优秀人才。

鲁院的对外交往

随着我国改革开放的不断扩大和文化交流的日益广泛，鲁院的对外交往也日趋活跃。仅以我在鲁院工作期间为例，就曾接待过不少来访的外国作家代表团，如法国、瑞典、巴基斯坦、越南、朝鲜、阿尔及利亚、约旦等。还接待过中国台湾、香港、澳门地区的作家代表团，海外华人作家代表，亚非团结联盟参观团等。来访者都对鲁院培训作家的教学内容和形式很感兴趣，并称赞鲁院的学习和居住条件很优越，在全世界都是独一无二的。法国代表团在参观了鲁院之后，当场提出要和鲁院合作办班，让法国的青年作家也能体会一下在鲁院学习的感受。后来因为鲁院的办班计划已经排满，实在抽不出时间再办一个班，只好作罢。

以瑞典作家协会主席马兹·索德隆德为团长的瑞典作家代表团一行 7 人参观鲁院后，表示受到启发很大，希望今后能进一步加强联系。陪同瑞典作家访问并担任翻译的是一位漂亮的金发女郎，中文名字叫伊爱娃，是瑞典驻华使馆的文化参赞，也是一位女诗人。她对我说希望以后能与鲁院保持经常性联系。我说当然可以。不久之后，正值瑞典国庆日，伊爱娃还邀请我和鲁院的部分学员去瑞典使馆出席国庆招待会，并热情邀请我们到她在使馆的家里做客。

接待来访的瑞典作家代表团

　　泰国的诗琳通公主是一位著名作家，非常热爱中国，2014 年 4 月来中国访问时曾专程到鲁院参观。当时学员们正在大教室里上课，诗琳通公主在中国作协主席铁凝的陪同下和老师、学员亲切见面，并在讲台上发表了简短的讲话。当时正在给学员讲课的是北京大学中文系的一位教授，诗琳通公主曾在北京大学留学，这位教授便把自己胸前的一枚北大校徽送给了她，公主很是高兴，把校徽别在了胸前。这一下提醒了我们，于是也将一枚鲁院的校徽送给了她，公主很是高兴。参观结束后，公主还熟练地使用毛笔用中文为鲁院题了"文学梦"三个字。其后不久，诗琳通公主还邀请了鲁院的女作家学员川妮去泰国访问，参加文学活动，交流小说创作经验，并亲自翻译了这位作家的小说。

　　朝鲜作家代表团的来访令我印象深刻。代表团一共有 6 位成员，据中国作家协会外联部的领导介绍，这些作家在朝鲜都是很有名气的，可惜我没有读过他们的作品。双方进行了友好的座谈，分别介绍了朝鲜的文学创作情况和我们鲁院的办学情况，之后是参观鲁院，在参观鲁院的娱乐室时，朝鲜作家们来了兴致，纷纷拿起了球杆和球拍，和鲁院的职工打起了台球和乒乓球，一直玩到晚宴时间。我陪着他们打了会儿台球，我的球技并不高，与朝鲜作家的差距还不小，他们对台球规则十分熟悉，打球时精力非常集中，一丝不苟，可以想见他们在写作时也是这样的劲头吧。晚宴是在外面的饭店举行的，菜肴也很丰富，并且备有酒水，规格比较高，但我发现他们在进餐时多少有些显得矜持，一般不主动举杯、夹菜，我便频频举杯劝酒，只要是我敬酒他们就喝，几盅过后没有一点醉意。能看出他们的酒量都不小，但是饭菜吃的却不多。晚宴后朝鲜作家们并不急于回宾馆休息，提出还想回鲁院继续打球，这让我感到有些意外，但是他们喜欢去鲁院我自然很高兴，于是又乘车回到鲁院，一直玩到晚上近 10 点钟才尽兴。分手时，双方热烈握手，依依不舍，已经像老朋友一样的熟悉了。

随着海峡两岸文化交流的增进，来鲁院访问的中国台湾作家代表团也越来越多，包括台湾大学生青年作家夏令营，规模都在十几人、几十人，我们召开了鲁院师生与台湾作家的文学创作座谈会，通过研讨交流收到了很好效果。

2014 年，应台湾东南大学的邀请，由我率鲁院代表团去台湾进行了访问交流，东南大学文学系主任、著名诗人须文蔚先生热情地接待了我们。在文学系举办的座谈会上，我向文学系师生详细介绍了鲁院的办学情况，引起了他们的浓厚兴趣。须文蔚主任也介绍了他们开办文学创作硕士专业的情况。我们还在台北参加了文学活动，与台湾的作家们进行了互动交流，并邀请台湾著名作家到鲁院授课。

2012 年 9 月，我还作为中国作家代表团成员参加了在塞尔维亚举办的国际作家节，代表团一共 4 位成员，竟有 3 位来自文学院系统，一位是浙江省作协文学院院长盛子潮、一位是山西省作协文学院副院长璐璐，加上我。另外一位是内蒙古自治区作协副主席乌力吉巴图，虽非文学院院长，但曾在鲁院学习，这样的阵容说是中国文学院代表团也不为过。访问期间，我们这些文学院的院长身份也引起了外国作家的关注。当知道我所在的鲁迅文学院是为全国的中青年作家提供学习的进修之地，且住宿、上课、赴外地开展社会实践等全部免费后，作家们都充满羡慕地表示中国的中青年作家能有这样好的学习和创作环境真是很幸福。

现在的鲁院又新开辟了国际写作计划、中外诗人对话、中外作家交流论坛等对外合作项目，使鲁院的视野更加广阔，对外交流与合作也更加广泛、深入。

2021 年 12 月

吴晋航、丰子恺、宋云彬手稿

吴晋航（1887—1965），名国琛，原籍浙江，生于四川仁寿。政治人物，金融家。四川警务学堂毕业。1916年任重庆警察厅长。1926年后相继任国民革命军第二十四军驻汉口、南京代表。后弃政从商，创办和成银行并投资工商业，任重庆和成银行总经理、民生轮船公司副董事长等职。民生轮船公司原名"民生实业股份有限公司"，是旧中国最大的民族资本轮船公司，1952年实行公私合营，为对资本主义工商业实行社会主义改造提供了范例。中华人民共和国成立后，曾任第二、三、四届全国政协委员，民建中央常委等职。

丰子恺（1898—1975），原名丰润，又名仁、仍，号子觊，后改为丰子恺，浙江崇德县（今桐乡市）石门湾人。我国现代画家、散文家、美术教育家、音乐教育家、漫画家、书法家和翻译家。1914年，考入浙江第一师范学校，遇到音乐美术老师李叔同（后出家，号"弘一"），正是李叔同引领丰子恺走上绘画之路，在做人方面也为他作出表率。1921年，丰子恺东渡日本，入东京川端洋画学校学习油画。1922年回国，到浙江上虞春晖中学教授图画和音乐。中华人民共和国成立后，曾任第三、四届全国政协委员，中国美术家协会上海分会主席，上海文联副主席等职。

宋云彬(1897—1979)，曾用笔名宋佩韦，浙江海宁人。著名文史学者，杂文家。先后任《民国日报》《野草》《民主生活》编辑。1958年调任北京中华书局编辑，参与点校《二十四史》并在北京大学任教。中国人民政治协商会议第一届全体会议代表。中华人民共和国成立后，曾任第一届全国人民代表大会代表，第三、四、五届全国政协委员，民盟中央委员，人民教育出版社副总编辑等职。

民生公司概述 —州笺

吴晋航 —×北

趋热行市起家 —王墨屏记

民生公司创立于一九二六年。这个时期正是四川境内

割据的防区制已经形成，混战比较频繁的时期。当时四川

有两个严重的问题：一是军阀纵横，一是交通梗阻。从交通方

面看，既无铁路，又少公路，轮船也极有限。主要的交通工具，

陆路是轿子和滑竿，水道是木船，速度既慢，又不安

全。在这种情况下，轮船就成了天之骄子，极受欢迎。英

日资本家看中了这一点，就在川江大量增加轮船，获利极

厚，几乎是一年就可赚得一条船的对本利润，称为"黄金之

路"。民生公司（以下简称民生）就是在这样一个川江航业的

黄金时代，趋热行市创立起事的。

民生的创办人卢作孚，出身于小市民家庭，只受过小学

教育（合川瑞山小学毕业）。由于他刻苦自学，掌握了一些资

本主义的科学文化知识。他在杨森任四川督理时，作过成

都市道路整理局长，工作是有成绩，都闻设备也很多，为

（ 1 ）

吴晋航《民生公司概述》手稿（一）

人中物，贪污辞职，回合川原籍。当地有些土绅盐商等集资创办轮船公司，并在合川县城内一电灯公司，都由卢作孚负责。当时重庆、合川之间的北碚是土匪麇集的地方，要为航业先解决航行的安全问题，所以卢作孚又被推任峡防局局长。等到轮船公司股东认定了数万元以后，卢就到上海，向外商洋行购买发电设备，向和兴造船厂订造一只七十吨的小轮船，命名为"民生"。但是轮船公司所收到的股东还只有八千余元，不够支付船价。合川县知事郑东琴鼓励他便利渝、合水道为理由，商得县中土绅同意，在县中教育经费项下发行挪垫一部分款项。当轮船在上海试合交航时，又向聚兴诚银行（川帮银行，杨粲池经理）贷借了数千元。卢作孚乘新造的民生轮船回到重庆，正值川江航业兴盛，股东们看到有利可图，无不踊跃缴纳股款，资金问题也就解决了。

民生当时的业务是以客运为主，货运为辅，往来于合川、重庆。每次开船，卢作孚必亲自到船检查，并处理一切问题。公司最初设在重庆水巷子汇源店，租一个房间，食宿办公都在那里。他的主要助手听说就是他在瑞山小学

（ 2 ）

吴晋航《民生公司概述》手稿（二）

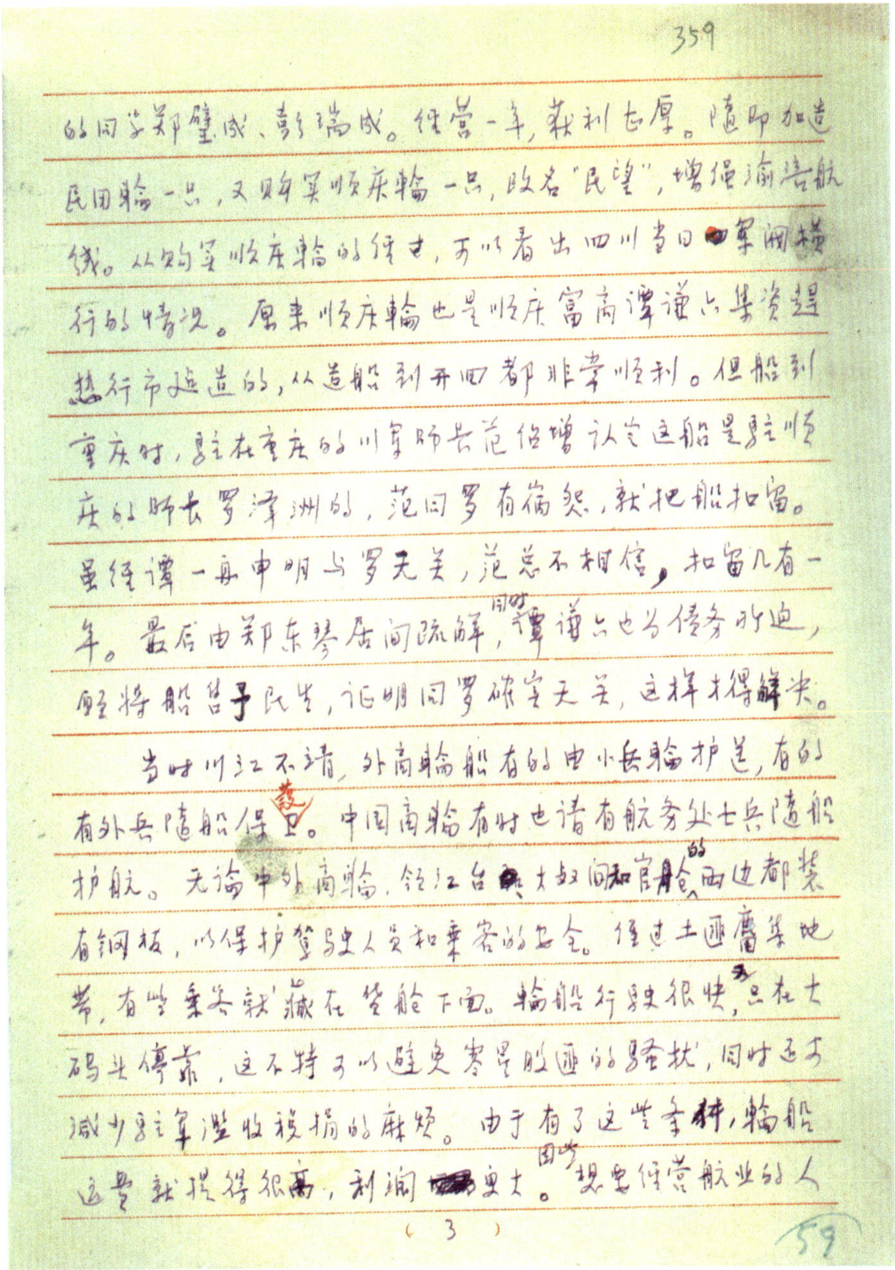
359

的同学郑璧成、彭瑞成。经营一年，获利甚厚。随即加造民用轮一只，又购买顺庆轮一只，改名"民望"，增强渝合航线。从购买顺庆轮的经过，可以看出四川当日军阀横行的情况。原来顺庆轮也是顺庆富商谭谨之集资在慈行市建造的，从造船到开回都非常顺利。但船到重庆时，驻在重庆的川军师长范绍增认定这船是驻顺庆的师长罗泽洲的，范同罗有仇怨，就把船扣留。虽经谭一再申明与罗无关，范总不相信，扣留几有一年。最后由郑东琴居间疏解，同时谭谨之也为债务所迫，愿将船售予民生，证明同罗确实无关，这样才得解决。

当时川江不靖，外商轮船有的由小兵轮护送，有的有外兵随船保卫。中国商轮有时也请有航务处士兵随船护航。无论中外商轮，领江台、大餐间和官舱的两边都装有钢板，以保护驾驶人员和乘客的安全。经过土匪麇集地带，有些乘客就躲在货舱下面。轮船行驶很快，又只在大码头停靠，这不特可以避免零星股匪的骚扰，同时还可减少驻军滥收税捐的麻烦。由于有了这些条件，轮船运费就提得很高，利润更大。因此想要经营航业的人

（3）

59

吴晋航《民生公司概述》手稿（三）

省民兼併三部曲——呈宋居中

在川江航业渐渐处于不景气的时候，民生对其他价格的公司进行兼併。以下是它的省民兼併三部曲。

第一步是兼併。民生兼併商轮所采用的手段，是先就营业不佳、亏损显著、负债已多的公司商洽接买、合併。一经议定价格，大都由民生付一部分现款，作原公司偿还外欠，或者对愿意现款的股东退还股本，使问题顺利解决，最后最少的付款，转入民生另换成股票。原公司所有公司和船舶、职工，也由民生全部接收，重新安排工作。所以它在兼併的过程中，进行是比较顺利的。除了一家挂法国旗的聚福洋行有两只轮船（船名福源福同），首先托底外人，不管买否，其次因为老板黄锡溶和经理李泽敬、次专卖，经营得好，没有愿合併以外，全镇的商轮，都被民生併吞了。

接着第二步就是兼併军轮。当时的军阀投资的轮船不在少数，例如李家钰的川东轮，完琢瑭的宣顺轮；杨某的永年轮，刘湘、潘文华、唐式遵、甘绩镛等的永丰轮等军阀们经营的轮船，凭私家实力，获得特有的方便。例如货运的装载，军队的检查，在开行时间不受到阻碍等等。这样军轮就成为民生的

（5）

61

弘一法师

五稿

宋云彬
丰子恺

弘一法师俗姓李，名息，字叔同，别名甚多，襁褓、婴孩等。于一八八○年生于天津，他的父亲名某楼，时年已六十八，母王氏年廿余岁，生侧室。他五岁时父亲逝世。十九岁时奉母迁居上海，入南洋公学肆业，参加当时的沪学会，以文章知名海上。又与上海书画家组织上海书画公会……游扬柳楼台……乃作书画金石文选一时。三十……

母亲逝世，他就带了父亲的遗产，自费留学日本，肄东京美术学校，研究西洋画，又入音乐学校，究钢琴，又与曹逵等组织春柳剧社，演剧……及欧里庇德斯……自饰旦角。……返国，担任天津工业……学校美术教员……三十多岁，即先女生……杨白民所办城东女学……又参加当时的"南社"，发表诗词文章；又担任太平……

丰子恺、宋云彬《弘一法师》手稿（一）

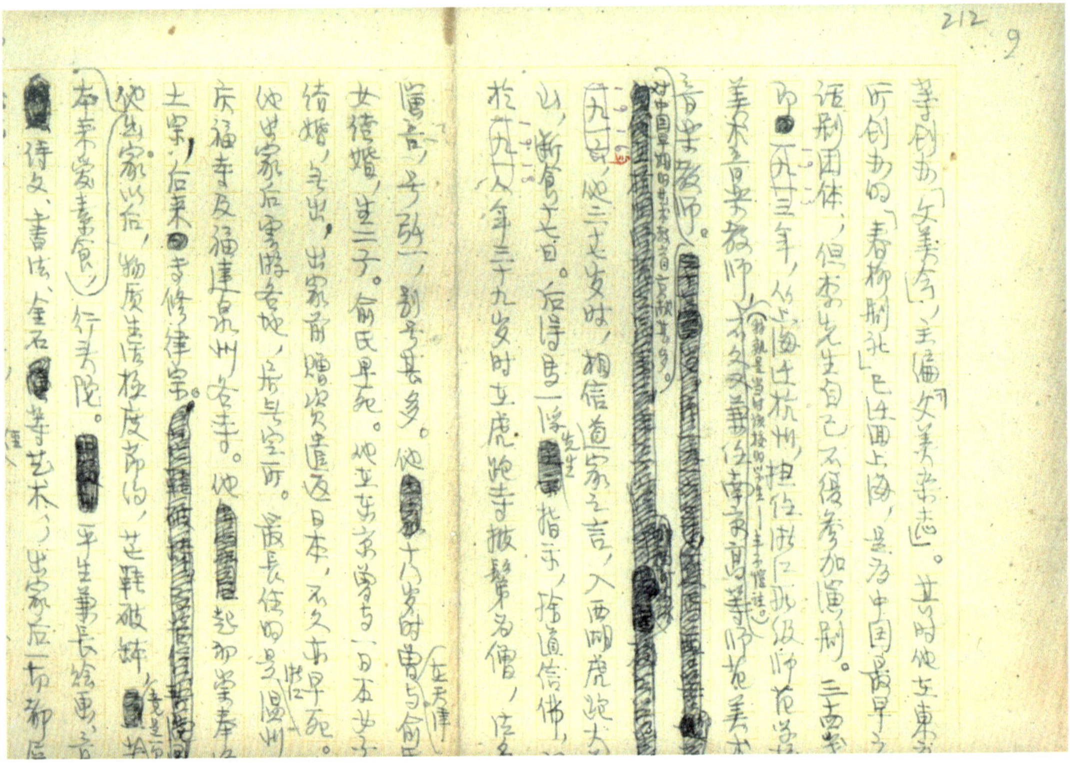

丰子恺、宋云彬《弘一法师》手稿（二）

法颇缘，著书译佛教，写作千万，旅住在江浙各地，
泉州尤多。关于佛经著作，其多，其中「四分律戒相
表记」可用排版，乃觉不善写刻，
字体既非工楷，一笔不苟，
■在泉州温陵养老院，■■■圆寂，其年六十三岁。
他临终前数日写遗嘱及告别友人书。
（写与夏丏尊、刘质平
他临终前数日写好遗嘱■■
「■■刻逝」四字，付与侍病■僧妙莲，此为法师绝笔
留言（阳历十月十三日）午后八时，即逝矣■示寂。其
灵骨一部分在泉州■■■■■■■■■■■一部分葬生坑

州虎跑寺，均■■■建有墓塔。林子青编■■著「弘一大师
年谱」，记述大师一生事迹甚详。

丰子恺、宋云彬《弘一法师》手稿（三）